★ 出国旅游、工作、学习、生活应急必备

马上开口说日语

主编／马洁 杨丹

（第2版）

东南大学出版社
南京

内 容 提 要

《马上开口说日语》一书特别汇集了出行日本必备的千余应急或日常会话的实用句子,涵盖了出行日本经常遇到的场景。每句话都很简短、实用,一看就懂、一读就会。另外,我们还在本书的最后一章收集了一些日常生活的常用词汇,并将其进行了合理的归类。相信本书是您轻松应急的必备之选。

图书在版编目(CIP)数据

马上开口说日语/马洁,杨丹主编.—2版.—南京:东南大学出版社,2012.9(2013.8 重印)
 ISBN 978-7-5641-3754-0

Ⅰ.①马… Ⅱ.①马… ②杨… Ⅲ.①日语—口语 Ⅳ.①H369.9

中国版本图书馆 CIP 数据核字(2012)第 215502 号

马上开口说日语(第 2 版)

主　　编	马洁 杨丹	责任编辑　刘　坚
电　　话	(025)83793329/83362442(传真)	
电子邮箱	liu-jian@seupress.com	
出版发行	东南大学出版社	出版人　江建中
地　　址	南京市四牌楼 2 号(210096)	邮　编　210096
销售电话	(025)83792327/83794561/83794174/83794121/ 83795802/57711295(传真)	
网　　址	http://www.seupress.com　电子邮箱　press@seupress.com	
经　　销	全国各地新华书店	印　刷　南京新洲印刷有限公司
开　　本	880mm×1230mm　1/64	印　张　4　100 千字
版　　次	2013 年 8 月第 2 版第 3 次印刷	
书　　号	ISBN 978-7-5641-3754-0	
定　　价	10.00 元(含光盘)	

* 未经许可,本书内文字不得以任何方式转载、演绎,违者必究。
* 本社图书若有印装质量问题,请直接与营销部联系。电话:025-83791830。

前言

《马上开口说日语》特别汇集了出行必备的1000余句子，每句都很简短、简单，一看就懂，一读就会。而且每句话都很实用，另外，我们还在后面编辑了一些日常生活中的常用词汇，并将其进行了合理的归类，是您轻松应急的必备之选。

为了充分利用读者的零碎时间，我们特地在内容编辑、版式设计、声音录制等方面为读者考虑，特别邀请日本资深外教为每个日文句子朗读配音，只要戴上耳机，用耳朵也能掌握应急句子。您可以在走路、跑步、搭车、乘船的时候听，或站、或坐、或躺、或卧，随时听、随地听、反复听，轻松无压力！

总之，本书力求简明易懂、高效应急，让从零起点学习的读者的发音更接近标准，能够快速开口说日语！

相信本书能对您的出行大有帮助，祝您出行顺利，旅途愉快！

感谢卑琳、王赫男、张晓燕、王世华、刘佳、刘灵、王坤等人对编写本书的大力协助！

编者

附加说明:

①长音的表示方法:用短横线"-",如**パスポート**→帕斯泡-套;

②特殊音的表示方法:例如**き**→<u>克医</u>、**ひょ**→<u>黑奥</u>,其中,下画线"__"表示连读;

③促音的表示方法:单词中的促音用"×"来表示。如:**きっぷ**→<u>克医</u>×普;

另外,句中如有语气上的中顿,书中日文对应的谐音部分都相应地加上了空格。

目录

句子篇
基本表达
相互寒暄 …………………………………… 1

介绍 ………………………………………… 4

招呼 ………………………………………… 5

同意 ………………………………………… 6

拒绝 ………………………………………… 8

询问 ………………………………………… 9

谈话中间 …………………………………… 13

表达感情 …………………………………… 14

满足 ………………………………………… 18

不快 ………………………………………… 21

鼓励 ………………………………………… 22

发牢骚 ……………………………………… 24

为难 ………………………………………… 25

寻求帮助 …………………………………… 27

场景表达

在飞机上	29
入境	34
乘出租车	44
住宿	49
服务	57
餐饮	65
观光旅游	76
观看体育比赛	89
购物	94
在邮局	103
乘列车	108
在医院	124
在机场	130
询问	137
致歉	138
邀请	141
商务	143
职业	164
家庭	167
学校	169

交友·····172
假日·····173
运动·····176
影音娱乐·····181
印象·····184
欢迎会·····190
送行·····193
应急表达·····195

单词篇

数字·····199
日期·····202
交通·····207
体育运动·····210
电器·····219
颜色·····222
称谓·····225
季节·····231
食品·····232
餐饮·····236

水果……………………………………………240
自然景观………………………………………242
意见……………………………………………245
心情……………………………………………246

句子篇

基本表达

★相互寒暄

日文 こんにちは。
谐音 考恩尼奇瓦
中文 你好!

日文 おはようございます。
谐音 奥哈要—高杂伊马斯
中文 你早!（早上好!）

日文 こんばんは。
谐音 考恩班瓦
中文 晚上好!

>日文 おやすみなさい。
>谐音 奥亚斯米 那萨一
>中文 晚安!

>日文 ようこそ。
>谐音 要一考搔
>中文 欢迎!

>日文 はじめまして。
>谐音 哈计麦马西台
>中文 初次见面。

>日文 お久しぶりですね。
>谐音 奥 黑依萨希布里 呆斯耐
>中文 好久不见了。

>日文 お元気ですか。
>谐音 奥干克依 呆斯卡
>中文 你身体好吗?

> **日文** はい、あなたは？
> **谐音** 嗨— 阿那他瓦
> **中文** 还好，你呢？

> **日文** おめでとうございます。
> **谐音** 奥卖呆掏 高杂伊马斯
> **中文** 恭喜你！（祝贺你！）

> **日文** お目にかかれてよかったです。
> **谐音** 奥卖尼 卡卡来台 要卡×他呆斯
> **中文** 见到您我很高兴。

> **日文** また、会いましょう。
> **谐音** 马他 阿伊马笑—
> **中文** 后会有期。

> **日文** どうぞ、楽しい旅を。
> **谐音** 刀—造 他脑细—他毕奥
> **中文** 祝你旅途愉快！

> 日文 さようなら！
> 谐音 萨要一那
> 中文 再见！

★ 介绍

> 日文 私は中国から来ました。
> 谐音 瓦他西瓦 球-告库 卡拉 克医马西他
> 中文 我是从中国来的。

> 日文 はじめまして、どうぞよろしく。
> 谐音 哈机买 马西台　刀一造要劳一西哭
> 中文 初次见面，请多关照！

> 日文 お目にかかれてうれしいです。
> 谐音 奥卖尼 卡卡来台 屋来细一呆斯
> 中文 见到您，我很高兴。

日文 私のほうこそ。

谐音 瓦他西 脑 耗 考搔

中文 我也很高兴。

★招呼

日文 あのう、すみません

谐音 阿脑― 丝密马散。

中文 劳驾！

日文 ウェイター！

谐音 喂踏―

中文 服务员！

日文 ウェイドレス！

谐音 喂刀来斯

中文 小姐！

> 日文 ちょっとお尋ねします。

> 谐音 悄×掏　袄 塔滋耐西马斯

> 中文 请问！

> 日文 ちょっと教えてください。

> 谐音 悄×掏　袄西挨台 库答撒依

> 中文 请告诉我一下。

> 日文 どうぞ、お先に。

> 谐音 刀造　袄撒克依尼

> 中文 您先请。

★同意

> 日文 はい、いいですよ。

> 谐音 嗨依　意　呆斯要

> 中文 好，可以。

日文 わかりました。
谐音 瓦卡里马西他
中文 知道了。

日文 いい考えですね。
谐音 依一扛嘎唉呆斯耐
中文 好主意!

日文 私もそう思います。
谐音 瓦他西 猫 扫袄猫一马斯
中文 我也这样想。

日文 そのとおり。
谐音 扫脑套一里
中文 对。(没错儿。)

日文 賛成です。そうしましょう。
谐音 桑塞呆斯。扫一西马笑一
中文 我赞成,就这么办吧。

★ 拒绝

日文 いいえ、いりません。
谐音 依—挨 依里马散
中文 我不要。

日文 知りません。
谐音 西里马散
中文 不知道。

日文 いやです。
谐音 衣亚呆斯
中文 我不愿意。

日文 やめてください。
谐音 雅买台哭答撒衣
中文 别这样!

日文 興味ありません。

谐音 克要迷 阿里马散

中文 我不感兴趣。

日文 日本語はわかりません。

谐音 尼号恩告哇 瓦卡里马散

中文 我不懂日语。

★询问

日文 トイレはどこですか。

谐音 掏依来 瓦 道靠呆斯卡

中文 厕所在哪儿?

日文 お名前は。

谐音 奥那马挨瓦

中文 你叫什么名字?

日文 何歳ですか。

谐音 南撒依呆斯

中文 你今年多大了?

日文 どこから来たの。

谐音 道靠卡拉 克依他脑

中文 你从哪儿来的?

日文 お仕事は。

谐音 奥 西告掏瓦

中文 你做什么工作?

日文 彼女[彼]は誰ですか。

谐音 卡脑叫（卡来）瓦 搭来 呆斯卡

中文 她（他）是谁?

日文 これは何ですか。

谐音 考来瓦 南呆斯卡

中文 这是什么?

询问

日文 いくらですか。
谐音 依库拉 呆斯卡
中文 多少钱?

日文 今、何時ですか。
谐音 衣马 南记呆斯卡
中文 现在几点?

日文 何時までですか。
谐音 南记马呆 呆斯卡
中文 到几点?

日文 何時からですか。
谐音 南记卡拉呆斯卡
中文 几点开始?

日文 このクレジットカードは使えますか。
谐音 考脑库来机×掏 卡—道 瓦 词卡挨马斯卡
中文 这个信用卡能用吗?

日文 どうすればいいですか。
谐音 道一斯来巴 依一呆斯卡
中文 该怎么办才好呢?

日文 それはどういう意味ですか。
谐音 扫来瓦 道右 依米 呆斯卡
中文 这是什么意思?

日文 なぜですか。
谐音 那在 呆斯卡
中文 为什么?

日文 地図はありますか。
谐音 七子 瓦 阿里马斯卡
中文 有没有地图?

日文 ビールはありますか。
谐音 笔一路瓦 阿里马斯卡
中文 有没有啤酒?

日文 フィルムはどこで手に入りますか。

谐音 飞路木 瓦 道告呆 台尼依里马斯卡

中文 去哪儿能买到胶卷?

★谈话中间

日文 えっ、何?

谐音 哎× 那尼

中文 啊,什么?

日文 ああ、そういえば…。

谐音 阿— 扫依挨巴

中文 哦,对了……

日文 ええと…。

谐音 哎—掏

中文 嗯……

日文 ほんとう？
谐音 号恩掏
中文 真的？

日文 ちょっと待って。
谐音 悄×掏 马×台
中文 等等。

日文 冗談でしょう？
谐音 交单 呆笑
中文 你在开玩笑吧？

★表达感情

日文 ああ、楽しかった。
谐音 阿一 塔脑细卡×塔
中文 啊，真开心。

日文 好きだ。
谐音 丝克衣答
中文 我很喜欢。

日文 嫌いだ。
谐音 克衣拉衣答
中文 我不喜欢。

日文 わあ、おいしい。
谐音 哇— 奥衣细—
中文 真好吃。

日文 おもしろい。
谐音 奥猫细 劳衣
中文 很有意思。

日文 珍しいものですね。
谐音 买滋拉细 猫脑 呆斯耐
中文 真少见。

日文 これは初めてです。

谐音 考来瓦 哈机买台 呆斯

中文 这是第一次。

日文 わあ、うれしい。

谐音 哇— 屋来细—

中文 啊,太高兴了。

日文 幸せ!

谐音 西阿哇塞

中文 我真幸运。

日文 あなたが好き。

谐音 阿那他嘎丝克衣

中文 我爱你。

日文 すごい。

谐音 丝告衣

中文 太棒了。

> **日文** 寂しい。
>
> **谐音** 撒逼西—
>
> **中文** 太寂寞了。

> **日文** 悲しい。
>
> **谐音** 卡那细—
>
> **中文** 真伤心。

> **日文** 残念。
>
> **谐音** 赞念
>
> **中文** 太遗憾了。

> **日文** 待ち遠しいですね。
>
> **谐音** 马七 掏奥衣呆斯耐
>
> **中文** 真等死人了！

★满足

日文 ああ、おいしかった。

谐音 阿— 奥衣细卡×塔

中文 啊,太好吃了!

日文 満足です。

谐音 慢造库 呆斯

中文 我很满意。

日文 すばらしい!

谐音 丝巴拉细—

中文 太好了!

日文 信じられない!

谐音 新机拉来那衣

中文 真不敢相信!

満足

> 日文 美しい所ですね。
> 谐音 屋词库细 掏靠劳 呆斯耐
> 中文 这地方真美！

> 日文 暖かいですね。
> 谐音 阿塔塔卡衣 呆斯
> 中文 好暖和呀！

> 日文 涼しくて気持ちがいい。
> 谐音 丝滋细库台 克衣猫七嘎衣一
> 中文 好凉快，真舒服。

> 日文 すっきりしました。
> 谐音 丝×克衣里西马西他
> 中文 真痛快。

> 日文 歴史が感じられます。
> 谐音 来克衣西嘎 刊机拉来马斯
> 中文 真古老！

日文 感動しました。

谐音 刊道西马西塔

中文 真感人。

日文 わくわくしちゃう。

谐音 哇库哇库西洽屋

中文 真令人兴奋。

日文 おいしい。

谐音 奥衣细—

中文 真好吃！

日文 いい香りですね。

谐音 衣 卡奥里 呆斯耐

中文 好香啊！

日文 もうおなかがいっぱいです。

谐音 冒 奥那卡嘎 衣×趴衣呆斯

中文 已经吃饱了。

★不快

>日文 ああ、疲れた。
>谐音 啊— 词卡来塔
>中文 啊，累死我了！

>日文 おなかがすいた。
>谐音 奥那卡嘎丝衣塔
>中文 肚子饿了！

>日文 喉が渇いた。
>谐音 脑道嘎 卡衣塔
>中文 口渴了。

>日文 暑すぎです。
>谐音 阿词 丝哥衣呆斯
>中文 太热了。

> 日文 たいくつだ。

> 谐音 塔衣库词答

> 中文 真无聊!

> 日文 頭が痛い。

> 谐音 阿塔马 嘎 衣塔衣

> 中文 头疼。

★ 鼓励

> 日文 頑張って。

> 谐音 干巴×台

> 中文 加油!

> 日文 だいじょうぶです。

> 谐音 答衣教布 呆斯

> 中文 不要紧。

> 日文　きっとうまくいくよ。
> 谐音　克衣×屋马库衣库要
> 中文　没问题。

> 日文　元気を出して。
> 谐音　干克衣奥答西台
> 中文　打起精神来。

> 日文　落ち着いて。
> 谐音　奥七词衣台
> 中文　别着急。

> 日文　泣かないで。
> 谐音　那卡那衣呆
> 中文　别哭了。

★发牢骚

日文 値段が高すぎる。
谐音 耐单嘎 塔卡丝哥衣路
中文 太贵了。

日文 頼んだものがまだきません。
谐音 塔脑答冒脑嘎 马答 克衣马散
中文 点的东西还没上呢。

日文 おつりが足りません。
谐音 奥词里嘎 塔里马散
中文 找的钱不够。

日文 計算が間違っています。
谐音 开桑嘎 马七嘎×台衣马斯
中文 算错了。

>日文 話が違う。

>谐音 哈那西嘎 七嘎屋

>中文 跟你说的不一样。

>日文 静かにしてください。

>谐音 西滋卡尼 西台库答撒衣

>中文 请安静点儿!

★ 为难

>日文 道に迷った。

>谐音 米七尼 马要×塔

>中文 我迷路了。

>日文 ちょっと手を貸してください。

>谐音 悄×掏 台奥 卡西台 库答撒衣

>中文 请帮个忙。

日文 パスポートをなくしました。

谐音 趴斯泡―掏奥 那哭西马西他

中文 我的护照丢了。

日文 部屋に鍵を忘れました。

谐音 海丫尼卡哥衣奥瓦斯来马西塔

中文 把钥匙忘在屋里了。

日文 気分が悪いです。

谐音 克衣布嘎 瓦路衣呆斯

中文 我不舒服。

日文 中国語のできる方はいらっしゃいますか。

谐音 秋告库高 脑 呆克衣路卡塔 瓦 衣拉×下衣马斯卡

中文 有哪位会汉语？

★ 寻求帮助

日文 助けて!
谐音 塔斯开台
中文 来人啊!

日文 火事だ。
谐音 卡机答
中文 失火了!

日文 どろぼう!
谐音 道劳包—
中文 抓小偷啊!

日文 おまわりさん!
谐音 奥马哇里桑
中文 警察!

日文 救急車を呼べ！

谐音 克由 克由下 奥 要白

中文 快叫救护车！

日文 医者を呼んで！

谐音 衣下 奥 要恩呆

中文 快叫医生来！

场景表达

★ 在飞机上

日文 搭乗券を見せてください。
谐音 掏交看 奥 米塞台库答撒衣
中文 给我看看登机牌。

日文 はい、これです。
谐音 哈衣 考来呆斯
中文 好。

日文 搭乗券をなくしました。
谐音 掏交看 奥 那库西马西塔
中文 我的登机牌丢了。

日文 私の席はどこですか。
谐音 瓦塔西 脑 塞克衣瓦 道告呆斯卡
中文 我的座位在哪儿?

日文 席を替わってもいいですか。

谐音 塞克衣 奥 卡哇×台冒 衣呆斯卡

中文 可以换换座位吗?

日文 シートを倒してもいいですか。

谐音 西—掏 奥 塔奥西台冒 衣 呆斯卡

中文 我想放倒靠背,行吗?

日文 どうぞ、いいですよ。

谐音 道造 衣呆斯要

中文 行,你放吧。

日文 この荷物をここに置いてもいいですか。

谐音 考脑 尼冒词 奥 考考尼 奥衣台冒 衣 呆斯卡

中文 行李放这儿行吗?

> **日文** 荷物を上に上げて[下におろして]くれませんか。

> **谐音** 尼冒词奥 屋挨尼 阿该台（西塔尼奥劳西台）库来马散卡

> **中文** 劳驾，帮我把行李放上去（拿下来），好吗？

> **日文** 中国語の新聞[雑誌]はありますか。

> **谐音** 秋告库高 脑 新布恩（杂×西）瓦阿里马斯卡

> **中文** 有没有中文报纸（杂志）？

> **日文** 毛布をください。

> **谐音** 毛夫 奥 库搭撒衣

> **中文** 请给我毛毯。

> **日文** すみません、ちょっと通してください。

> **谐音** 丝密马散　　悄×掏 掏奥西台 库答撒衣

> **中文** 借光，请让我过去一下。

> **日文** 機内で免税品の販売をしますか。
>
> **谐音** 克衣那衣呆 慢在和音 脑 含巴衣 奥 西马斯
>
> **中文** 这飞机上卖免税商品吗？

> **日文** 後どのぐらいで東京空港に着きますか。
>
> **谐音** 阿掏 道脑估拉衣呆 掏克要 库—靠—尼词克衣马斯卡
>
> **中文** 还有多长时间到东京？

> **日文** 定刻に着きますか。
>
> **谐音** 抬—靠库尼词克衣马斯卡
>
> **中文** 能准时到达吗？

> **日文** どんな飲み物がありますか。
>
> **谐音** 道恩那 脑米冒脑嘎 阿里马斯卡
>
> **中文** 都有什么饮料？

> **日文** オレンジジュースはありますか。
>
> **谐音** 奥兰机九—斯 瓦阿里马斯卡
>
> **中文** 有没有橘子汁？

> **日文** お酒はただですか。
> **谐音** 奥撒开瓦 塔答呆斯卡。
> **中文** 酒是免费的吗?

> **日文** ウィスキーの水割りをください。
> **谐音** 威斯克衣脑米滋哇里奥 库答撒衣。
> **中文** 请来一杯兑水威士忌。

> **日文** ビールをもう一杯もらえますか。
> **谐音** 笔一路 奥 冒一 衣扒衣 冒拉挨马斯卡。
> **中文** 麻烦你,再来一杯啤酒。

> **日文** 気分が悪いです。
> **谐音** 克衣布恩 嘎 瓦路衣 呆斯。
> **中文** 我不大舒服。

> **日文** 飛行機に酔ったみたいです。
> **谐音** 呵衣靠一克衣尼要×塔米塔衣呆斯。
> **中文** 好像是晕机了。

★入境

日文 パスポートと入国カードを見せてください。
谐音 帕斯泡-套 逃 牛考库卡-道 奥 眯赛台 库达萨伊
中文 请出示护照和入境卡。

日文 検疫カードを出してください。
谐音 看爱克医卡-道 奥 搭戏台 库达萨伊
中文 请交检疫卡。

日文 はい。
谐音 嗨一
中文 给你。

日文 どこから来ましたか。
谐音 道靠卡拉 克医马西塔卡
中文 从哪里来的?

日文 中国です。
谐音 球-告库呆斯
中文 中国。

日文 訪日の目的はなんですか。
谐音 号-尼奇脑 冒库台克医瓦 难呆斯卡
中文 到日本来的目的是什么?

日文 観光です。
谐音 看考-呆斯
中文 旅游。

日文 開けてください。検査します。
谐音 啊开台 库达萨伊 看萨西马斯
中文 请打开,要检查一下。

日文 すみませんが、わたしの荷物が見当たらないです。
谐音 斯眯马散嘎 瓦塔西脑 尼毛词嘎 眯阿塔拉那伊呆斯
中文 对不起,我的行李不见了。

日文 黒のかばんです。

谐音 库劳脑　卡班呆斯

中文 是黑色的旅行包。

日文 はい、お願いします。

谐音 嗨一　奥耐嘎伊西马斯

中文 那么，拜托了。

日文 すみませんが、タクシーを呼んでくださいませんか。

谐音 斯眯马散嘎　塔库西-奥　要恩呆库达萨伊 马散卡

中文 对不起，能帮我叫一辆出租车吗？

日文 すみませんが、私は困ることがあって警察官を呼んでください。

谐音 斯眯马散嘎　瓦塔西瓦　考马录考逃嘎阿×台　凯一萨词看奥　要恩呆库达萨伊

中文 对不起，我遇到麻烦了，请帮我叫一下警察。

日文 どうもありがとうございます。
谐音 道-毛阿里嘎逃- 够杂伊马斯
中文 非常感谢。

日文 すみませんが、大使館までどう行ったらいいですか。
谐音 斯眯马散嘎 塔伊西看马呆 道-伊×塔拉伊-呆斯卡
中文 请问，去大使馆怎么走？

日文 まっすぐ行ってください。
谐音 马×斯古 伊×台库达萨伊
中文 请往前走。

日文 右を曲がってください。
谐音 眯给医奥 马嘎×台库达萨伊
中文 请往右拐。

日文 まっすぐ行って左を曲がってください。
谐音 马×斯古伊×台 嘿达里奥马嘎×台库达萨伊
中文 请往前走，然后往左拐。

日文 渋谷駅はどこですか。
谐音 西不压爱克医瓦 道靠呆斯卡
中文 涩谷车站在哪里？

日文 中国大使館は、どこにありますか。
谐音 秋-告库塔伊西看瓦 道靠尼阿里马斯卡
中文 中国大使馆在哪里？

日文 すみませんが、近くにトイレはありますか。
谐音 斯眯马散嘎 其卡库尼 逃伊来瓦阿里马斯卡
中文 请问，附近有洗手间吗？

日文 近くには日本料理のレストランがありますか。
谐音 其卡库尼瓦 尼号恩料-理闹 莱斯套兰嘎阿里马斯卡
中文 附近有日式的餐馆吗？

日文 私は泥棒に遭いました。
谐音 瓦塔西瓦 道劳爆-尼 阿伊马西塔
中文 我被偷了。

> 日文　私は怪我になりました。
> 谐音　瓦塔西瓦 开嘎尼哪里马西塔
> 中文　我受伤了。

> 日文　私は自動車にはねられました。
> 谐音　瓦塔西瓦 计道-夏尼瓦 乃拉来马西塔
> 中文　我被汽车撞了。

> 日文　私は迷子になりました。
> 谐音　瓦塔西瓦 马伊靠尼娜礼马西塔
> 中文　我迷路了。

> 日文　私は日航ホテルに泊まっていますが、その場所を教えてくださいませんか。
> 谐音　瓦塔西瓦 尼靠-号台鲁尼 逃马×台伊马斯嘎 扫脑罢校奥 奥西爱台库达萨伊马散卡
> 中文　我住在日航酒店，能告诉我它的地点吗？

> **日文** すみませんが、この電話番号で電話していただけますか。

> **谐音** 斯眯马散嘎 考脑单瓦班-靠-呆 单瓦西台伊塔达开马斯卡

> **中文** 对不起,能帮我往这个电话号码打个电话吗?

> **日文** 助けてください。

> **谐音** 塔斯凯台库达萨伊

> **中文** 救命!

> **日文** 私は（①観光、②仕事、③留学、④出張）で日本に来ている中国人です。困ったことがあって助けを求めに来ました。

> **谐音** 瓦塔西瓦（①看考- ②西高涛 ③留-嘎库 ④修×乔-）呆尼号恩尼克医台伊鲁求-告库金呆斯 考马×塔考逃嘎阿×台斯凯奥冒涛麦尼克医马西塔

> **中文** 我是来日本（①观光、②工作、③留学、④出差）的中国人,遇到了麻烦,是来求助的。

> **日文** 私は中国人です。パスポートを紛失したので、再発行の申請に来ました。

> **谐音** 瓦塔西瓦求-告库金呆斯 帕斯泡-涛奥分析此西塔脑呆萨伊哈靠-脑心赛伊尼克医马西塔

> **中文** 我是中国人,护照丢了,是来重新申请的。

入境

> 日文 私が電話で中の中国人職員に事情を説明してもいいですか。
> 谐音 瓦塔西嘎单瓦呆 那卡脑求-告库金笑库因尼 几角-奥赛次麦伊西台冒伊-呆斯卡
> 中文 我能用电话和里面的中国职员说明情况吗？

> 日文 助けて！
> 谐音 塔斯凯泰
> 中文 救命！

> 日文 警察を呼んでください。
> 谐音 开一萨次奥要恩代枯达萨伊
> 中文 请帮我叫警察。

> 日文 道に迷いました。
> 谐音 米奇尼麻药一马戏他
> 中文 迷路了。

日文 どうしてそこへ行きたいのですか。

谐音 道-西台扫考艾 伊克医塔伊闹呆斯卡

中文 你怎么想去那里?

日文 なぜ日本へ行くのですか。

谐音 纳在尼号恩艾伊库闹呆斯卡

中文 你为什么去日本?

日文 私は名所旧跡を見に行きたいです。

谐音 瓦塔西瓦麦伊笑克医欧赛克医奥 米尼伊克医塔伊呆斯

中文 我想去看名胜古迹。

日文 私は現地の風俗習慣を理解したいと思っています。

谐音 瓦塔西瓦 盖恩气闹夫-造库休-刊奥 理卡伊西塔伊涛奥毛太伊马斯

中文 我想了解当地的风俗习惯。

> **日文** 私は彼らの日常生活を知りたいと思います。

> **谐音** 瓦塔西瓦 卡来拉闹尼奇交-赛伊卡词奥 西历塔伊涛 奥毛伊马斯

> **中文** 我想知道他们的日常生活。

> **日文** 私は本場の日本料理を食べに行きたいです。

> **谐音** 瓦塔西瓦红巴闹尼号恩料-理奥 塔白尼伊克医塔伊呆斯

> **中文** 我想去吃地道的日本菜。

> **日文** 入国に必要な書類をください。

> **谐音** 牛靠库尼 呵衣词要 那 小路衣 奥 库搭撒衣。

> **中文** 请给我入境时所要填的东西。

> **日文** （この書類の）書き方を教えてください。

> **谐音** （考脑小路衣脑）卡克衣卡塔 奥 奥西挨台库搭撒衣。

> **中文** 请告诉我怎么填。

日文 これはどういう意味ですか。

谐音 考来瓦 道由 衣米 呆斯卡。

中文 这是什么意思?

日文 すみません、ボールペンを貸していただけますか。

谐音 斯米马散 包一路盼 奥 卡西台 衣塔答开马斯卡。

中文 对不起,能不能借我支笔用用?

★乘出租车

日文 すみませんが、タクシーを1台呼んでいただけますか。

谐音 斯眯马散嘎 塔库西-奥 伊奇达伊要恩呆 伊塔达开马斯卡

中文 对不起,能帮我叫一辆出租车吗?

日文 桜病院までお願いします。

谐音 萨库拉标-因马呆 奥耐嘎伊西马斯

中文 请去樱花医院。

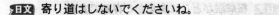

- 日文 **寄り道はしないでくださいね。**
- 谐音 咬礼眯气瓦　西那一带库达萨伊
- 中文 请你别绕远啊。

- 日文 **安全に気をつけてください。**
- 谐音 安在恩尼　克医奥次开台库达萨伊
- 中文 请注意安全。

- 日文 **急事があるので、少し急いでください。**
- 谐音 克医奥吉嘎阿鲁脑呆　思考西一扫一呆库达萨伊
- 中文 我有急事儿,请抓紧点儿。

- 日文 **すみませんが、10分ほどここで待っていただけますか。**
- 谐音 斯眯马散嘎　久-分号道　考考呆　马太伊塔达开马斯卡
- 中文 对不起,能在这儿等我10分钟吗?

- 日文 **領収書をください。**
- 谐音 辽-修-笑奥　库达萨伊
- 中文 请给我收据。

日文 桜病院がどこにあるかご存知ですか。

谐音 萨苦拉标-因 嘎 道靠尼阿鲁卡 告造吉呆斯卡

中文 樱花医院这个地方在哪儿，你知道吗？

日文 すみませんが、明日の朝8時30分の予約ができますか。

谐音 斯眯马散嘎 阿西塔脑阿萨 哈奇及三九-分脑要压库嘎呆克医马斯卡

中文 对不起，能预订明天早上8点30分的车吗？

日文 8時にホテルに迎えにきてください。

谐音 哈奇及尼　号台鲁尼亩卡唉尼克医太库达萨伊

中文 请8点到宾馆接我。

日文 すみませんが、バス停はどこにありますか。

谐音 斯眯马散嘎　巴斯台伊瓦　道靠尼阿里马斯卡

中文 请问，公共汽车站在哪儿？

乘出租车

日文 渋谷に行きたいですが、何番バスに乗ったらいいですか。

谐音 西不亚尼伊克医塔伊呆斯嘎 难班巴斯尼脑×塔拉 伊伊呆斯卡

中文 我要去涩谷,乘几路公共汽车好?

日文 歩いて行ったら何分ぐらいかかりますか。

谐音 阿鲁伊太伊×塔拉 南扑恩古拉伊 卡卡里马斯卡

中文 走着去,需要几分钟?

日文 これは渋谷行きのバスですか。

谐音 考来瓦西不亚由克医脑巴斯呆斯卡

中文 这是开往涩谷的公共汽车吗?

日文 すみませんが、日本語が分かりませんので、渋谷駅に着いたら教えてください。

谐音 斯眯马散嘎 尼号恩告嘎瓦卡里马赛恩脑呆 西不亚爱克医尼此伊塔拉 奥西爱台库达萨伊

中文 对不起,我不懂日语,到了涩谷站请叫我一下。

> **日文** すみませんが、渋谷駅は何番目ですか。
>
> **谐音** 斯眯马散嘎 西不亚爱克医瓦难班迈呆斯卡
>
> **中文** 对不起，涩谷站是第几站?

> **日文** はい、ありがとうございます。
>
> **谐音** 嗨一 阿里嘎逃-高杂伊马斯
>
> **中文** 好的，谢谢。

> **日文** タクシー乗り場はどこですか。
>
> **谐音** 它库西-脑力巴瓦到靠代斯卡
>
> **中文** 出租车站在哪里?

> **日文** この住所までお願いします。
>
> **谐音** 考闹就-笑麻呆澳乃嘎一喜马斯
>
> **中文** 麻烦你载我到这个地址。

> **日文** 空港まで行ってください。
>
> **谐音** 库-靠-麻袋一×台枯达萨伊
>
> **中文** 请去机场。

★住宿

日文 いいホテルを紹介していただけますか。
谐音 ——好台路奥卡笑卡伊西太一它打开马斯卡
中文 能帮我介绍好的饭店吗?

日文 部屋代はいくらですか。
谐音 海牙大衣洼一库拉代斯卡
中文 房间价格多少呢?

日文 一泊五千円以下の部屋がいいです。
谐音 一×帕库高赛恩 爱恩以卡闹海亚嘎——代斯
中文 我想要一晚5000日元以下的房间。

日文 ツインでお願いします。
谐音 此一恩代澳乃给啊一喜马斯
中文 麻烦你给我两张单人床。

日文 今日の宿泊を予約していたのですが。
谐音 克医奥脑修库哈库奥咬牙苦戏台伊塔闹代斯嘎
中文 我已经预约了今天的住宿。

日文 朝食を部屋に届けてもらえますか。
谐音 桥-笑库奥海亚尼逃到开台贸拉埃玛斯卡
中文 可以请你把早餐送到房间来吗？

日文 これを預かってください。
谐音 靠来澳阿兹卡×台枯达萨伊
中文 请代我保管这个东西。

日文 チェックアウトします。
谐音 且×库奥陶希玛斯
中文 我要退房。

日文 宿泊です。
谐音 修库哈库呆斯
中文 我要住宿。

住宿

日文 一泊です。

谐音 伊×帕库呆斯

中文 住一天。

日文 一泊はいくらですか。

谐音 伊×帕库瓦 伊库拉呆斯卡

中文 一宿多少钱?

日文 (①ツインルーム、②ダブルルーム、③スイートルーム、④VIPルーム)にします。

谐音 (①词因鲁-亩 ②达不鲁鲁-亩 ③司仪-套鲁-亩 ④比-爱-皮鲁-亩)尼西马斯

中文 我要(①标准间、②双人间、③套房、④总统间)。

日文 朝食が付いていますか。

谐音 乔-笑库嘎 此伊台伊马斯卡

中文 包括早餐吗?

日文 荷物を預けることができますか。

谐音 尼毛词奥　阿兹凯鲁考涛嘎　呆克医马斯卡

中文 能寄存行李吗?

日文 荷物を部屋まで運んでいただけますか。

谐音 尼毛词奥海亚马呆　哈靠恩呆　伊塔达开马斯卡

中文 能把行李送到房间去吗?

日文 １００２号室の李です。（①FAX、②手紙、③品物）が来ていると思いますが、調べていただけますか。

谐音 伊奇再劳再劳尼告-希此脑　李呆斯（①发酷似 ②台嘎眯 ③西那毛脑）　克医си伊鲁套凹毛伊马斯嘎　西拉百台伊塔达开马斯卡

中文 我是1002房间的，姓李，大概有（①传真、②信件、③物品），请查一下好吗?

日文 すみませんが、FAXの（①送信、②受信）ができますか。

谐音 斯眯马散嘎　发酷似脑　（①扫-信　②就信）嘎　呆克医马斯卡

中文 请问，可以（①发、②接收）传真吗?

住宿

日文 ホテルのFAX番号は何番ですか。
谐音 号台鲁脑发酷似班高-瓦 难班呆斯卡
中文 宾馆的传真号码是多少?

日文 部屋でインターネットの接続できますか。
谐音 海亚呆 因塔-奈×套脑 赛词造库呆克医马斯卡
中文 在房间可以上网吗?

日文 係員を呼んできてください。
谐音 嘎卡里因奥 要恩呆克医太库达萨伊
中文 请叫一下服务员。

日文 外線への電話はどうかけますか。
谐音 嘎伊赛恩爱脑 单瓦瓦道-卡开马斯卡
中文 怎样打外线?

日文 部屋間の電話はどうかけますか。
谐音 海亚阿伊达脑单瓦瓦 道-卡开马斯卡
中文 房间之间的电话怎么打?

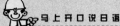

日文 インターネットの差し込む口はどこですか。
谐音 因塔-奈×套脑萨西考宙古奇瓦 道靠呆斯卡
中文 因特网的接口在哪儿?

日文 セーフティボックスがありますか。
谐音 赛-扶提暴×库斯嘎 阿里马斯卡
中文 有保险箱吗?

日文 使い方を教えてください。
谐音 此卡伊卡塔奥 奥西爱台库达萨伊
中文 请告诉我使用方法。

日文 水道の水は飲めますか。
谐音 斯伊道-脑眯资瓦 闹迈马斯卡
中文 自来水能喝吗?

日文 ドライヤーはありますか。
谐音 道拉伊亚-瓦 阿里马斯卡
中文 有吹风机吗?

日文 服のクリーニングがしたいですが、どうすれば良いでしょうか。

谐音 福库脑库里-宁顾嘎 西塔伊呆斯嘎 道-斯来吧要伊呆效-卡

中文 我想洗衣服,怎么办才好?

日文 モーニングコールをお願いします。

谐音 毛-宁古靠-鲁奥 噢乃嘎伊西马斯

中文 请早晨打电话叫醒我。

日文 7時15分です。

谐音 西奇迹就告分呆斯

中文 7点15分。

日文 モーニングコールの設定はどのようにしたらよいでしょうか。

谐音 毛-宁古靠-鲁脑赛太伊瓦 道脑-要尼西塔拉要伊呆效-卡

中文 怎样设定电话提醒呢?

日文 延泊したいですが、いいですか。

谐音 爱恩帕库西塔伊呆斯嘎　伊伊呆斯卡

中文 我想多住几天，行吗？

日文 二日間延泊します。

谐音 扶此卡看爱恩帕库西马斯

中文 延长两天。

日文 チェックアウトします。

谐音 切×库奥-逃西马斯

中文 我要退房。

日文 支払いは（①現金、②クレジットカード、③銀行振込）でいいですか。

谐音 西哈拉伊瓦　（①盖克医恩　②库来机×套卡-道　③给恩考-福利考眯）呆伊呆斯卡

中文 可以用（①现金、②信用卡、③银行汇款）的方式结账吗？

★服务

日文 いらっしゃいませ。
谐音 伊拉×下一马赛
中文 欢迎光临。

日文 フロンドまでご案内いたします。
谐音 弗劳恩道马代高安恩娜——塔希玛斯
中文 我带您去前台。

日文 お荷物はここでお預かりいたします。
谐音 奥尼毛刺瓦考考带奥阿兹卡里一它西马斯
中文 我把行李给您存在这里。

日文 ご予約の部屋は準備ができております。
谐音 高咬牙苦恼海牙瓦就恩必嘎带克医台奥里马斯
中文 我们早已备好了您预订的房间。

> **日文** この宿泊カードにお名前などをご記入いただけませんか。

> **谐音** 靠脑修库哈库卡-到你奥纳马艾那道凹高克医牛一它打开马赛恩卡

> **中文** 请您填一下住房登记表好吗?

> **日文** 申し訳ございませんが、満室でございます。

> **谐音** 毛细挖开高杂役马赛恩嘎 满-席次带高砸以马斯

> **中文** 很抱歉,酒店客房住满了。

> **日文** こちらへどうぞ。

> **谐音** 靠齐拉埃倒-早

> **中文** 请这边走。

> **日文** お部屋番号は608でございます。

> **谐音** 奥海亚办-高娃劳苦马路哈奇带高砸以马斯

> **中文** 您的房间号是608。

服务

日文 お部屋へご案内いたします。
谐音 奥海亚艾高安娜——塔希玛斯
中文 我带您去房间。

日文 こちらがお客様のお部屋でございます。
谐音 靠齐拉嘎奥克医压库萨马闹奥海亚带高杂役马斯
中文 这是您的房间。

日文 すぐお届けいたします。
谐音 思古奥陶到开一它西马斯
中文 我马上把东西给您送过去。

日文 そのほかにまた何かご入用でしょうか。
谐音 扫脑后卡尼玛他那尼卡高扭-腰带笑-卡
中文 您还需要什么?

日文 お部屋の掃除にまいりました。
谐音 奥海亚脑扫-机你妈伊利马西他
中文 我要打扫一下房间。

> **日文** いまから掃除をしてもよろしいですか。

> **谐音** 译马卡拉扫-机奥西台毛要老喜-代斯卡

> **中文** 现在可以打扫吗?

> **日文** お洗濯物はございますか。

> **谐音** 凹三恩塔库毛脑瓦高杂一马斯卡

> **中文** 您有要洗的衣服吗?

> **日文** 失礼します。お洗濯ものが出来上がりました。

> **谐音** 席次来一细马斯 凹三恩塔库毛脑嘎带克医阿嘎里马西他

> **中文** 打扰一下,您的衣服洗好了。

> **日文** ご確認お願いします。

> **谐音** 搞卡库您澳乃嘎一细马斯

> **中文** 您查收一下好吗?

> **日文** 何になさいますか。

> **谐音** 那尼尼纳萨伊马斯卡

> **中文** 您要点什么?

日文 お料理はすぐお届けいたします。

谐音 凹料-理瓦斯古奥逃到开一它西马斯

中文 饭菜一会儿就送到。

日文 ご注文の朝食でございます。

谐音 高秋-毛恩闹俏-销库呆高杂一马斯

中文 这是您的早餐。

日文 そのほかはいかがでしょうか。

谐音 扫脑好卡瓦伊卡嘎带笑-卡

中文 您另外还需要点什么吗?

日文 お掛けになりたい電話番号は何番でしょうか。

谐音 凹卡开你那里他以戴恩瓦半高娃难办-带笑-卡

中文 您想拨通的号码是多少?

日文 そのままお待ちください、フロントにおつなぎいたします。

谐音 扫脑妈妈奥马奇枯达萨伊 弗劳恩涛你澳茨纳给一伊它西马斯

中文 请稍等，我为您接通前台。

日文 のちほどご返事いたします。

谐音 闹旗号到高海恩吉一它西马斯

中文 我稍后给您回话。

日文 お体の具合がよくないと伺いましたか。

谐音 凹卡拉大闹古阿以嘎药库纳伊涛武卡一马西塔卡

中文 听说您今天不舒服？

日文 お医者さんをお呼びいたしましょうか。

谐音 凹一下萨恩奥熬药比一它西马笑卡

中文 要为您请医生吗？

日文	ご出発の前に何かお手伝いすることはございませんか。
谐音	高秀×怕词闹马艾尼 那尼卡澳台次打一思路靠套娃高杂一马赛恩卡
中文	在您临行前，我能为您做些什么吗?

日文	飛行機のお時間はご確認なさいましたか。
谐音	黑靠-克医脑澳季刊瓦高卡库您纳萨伊马西塔卡
中文	您的航班时间确认过了吗?

日文	すぐご清算いたします。
谐音	思古高赛义三一它西马斯
中文	马上为您结算。

日文	ご利用料金は合計人民元3768となっております。
谐音	高丽要料克医恩瓦高开金敏该恩三在恩纳那黑阿库劳苦就哈奇套那×台奥里马斯
中文	您的费用总计为3768元人民币。

日文 お支払いは現金ですか、クレジットカードですか。

谐音 奥西哈拉伊瓦盖恩克医恩代斯卡 库赖儿×套卡-到代斯卡

中文 您付现金还是刷卡?

日文 チェックアウトをお願いします。

谐音 且×库阿武讨奥澳乃嘎一细马斯

中文 我要退房。

日文 ここにサインをお願いします。

谐音 考考你萨因-奥澳乃嘎一细马斯

中文 请在这里签字。

日文 いつ大連からご出発になりますか。

谐音 一次大以来恩卡拉高秀×怕词你哪里马斯卡

中文 您想什么时候离开大连?

> **日文** どうもありがとうございます。よいご旅行を。

> **谐音** 到-毛阿里嘎套-购杂一马斯 妖意狗辽靠-欧

> **中文** 谢谢！祝您旅途愉快！

★ 餐饮

> **日文** すみませんが、この近くに良い料理店がありますか。

> **谐音** 斯眯马散嘎 考脑其卡库尼 要伊料-理台恩嘎阿里马斯卡

> **中文** 请问，附近有好的餐馆吗？

> **日文** どこにありますか。

> **谐音** 道靠尼阿里马斯卡

> **中文** 在哪里？

> **日文** （①喫煙席、②禁煙席）でお願いします。

> **谐音** （①克医辞爱恩塞克医 ②克医恩爱恩塞克医）呆奥乃嘎伊西马斯

> **中文** 要（①吸烟、②禁烟）的座位。

日文 この店の料理は和食ですか。

谐音 考闹米塞闹料-理瓦 瓦效库呆斯卡

中文 你们餐馆的菜是日餐吗?

日文 お茶ください。

谐音 奥恰库达萨伊

中文 请上茶。

日文 ウーロン茶にします。

谐音 乌-劳恩恰尼西马斯

中文 要乌龙茶。

日文 どんなお酒がありますか。

谐音 导恩那奥萨开嘎阿里马斯卡

中文 有什么酒?

日文 ビールをください。

谐音 必-路凹库达萨伊

中文 请拿啤酒来。

日文 (①朝日、②麒麟、③札幌、④サントリー、⑤青島、⑥生ビール)をください。

谐音 (①阿萨嘿 ②克医林 ③萨抛劳 ④三套里- ⑤琴涛- ⑥哪麻必-鲁)奥库达萨伊

中文 我要(①朝日、②麒麟、③札幌、④三得利、⑤青岛、⑥扎啤)。

日文 コーヒー(①ホット、②アイス)をください。

谐音 考-嘿- (①号×套 ②阿伊斯)奥库达萨伊

中文 我要(①热的、②冰的)咖啡。

日文 日本酒はありますか。

谐音 尼号恩修瓦 阿里马斯卡

中文 有日本酒吗？

日文 (①常温、②冷や)にします。

谐音 (①焦奥恩 ②嘿亚)尼西马斯

中文 请(①常温、②冰镇)。

> **日文** 中国のお酒がありますか。

> **谐音** 求-告库脑奥萨开嘎 阿里马斯卡

> **中文** 有中国酒吗?

> **日文** 白酒にします。

> **谐音** 哈库休 尼西马斯

> **中文** 要白酒。

> **日文** メニューがありますか。

> **谐音** 迈纽-嘎 阿里马斯卡

> **中文** 有菜谱吗?

> **日文** (①肉、②海鲜、③野菜、④あっさりの、⑤辛い、⑥辛くない)料理を食べたいです。

> **谐音** (①尼库 ②卡伊塞恩 ③亚萨伊 ④阿×萨里脑 ⑤卡拉伊 ⑥卡拉库纳伊) 料-理奥塔白塔伊呆斯

> **中文** 我想吃(①肉菜、②海鲜、③蔬菜、④清淡的、⑤辣的、⑥不辣的)。

>日文 （①ナス、②ピーマン、③セロリ、④白菜、⑤ホウレンソウ）がありますか。

>谐音 （①那斯 ②皮-满 ③赛劳力 ④哈库萨伊 ⑤号-兰扫-）嘎阿里马斯卡

>中文 有（①茄子、②青椒、③芹菜、④白菜、⑤菠菜）吗?

>日文 肉料理（①鶏肉、②豚肉、③牛肉、④羊肉、⑤魚）はどれですか。

>谐音 尼库料-理 （①桃李尼库 ②不他尼库 ③给又尼库 ④要-尼库 ⑤萨卡纳） 瓦到来呆斯卡

>中文 肉菜（①鸡肉、②猪肉、③牛肉、④羊肉、⑤鱼）是哪种?

>日文 トウガラシを少なめに入れてください。

>谐音 逃-嘎拉西奥 斯库那迈尼依赖太库达萨伊

>中文 请少放辣椒。

>日文 辛いものはだめです。

>谐音 卡拉伊冒闹瓦达迈呆斯

>中文 我不吃辣的。

> **日文** 塩辛くないようにしてください。

> **谐音** 西奥卡拉库纳伊要-尼 西台库达萨伊

> **中文** 别太咸了。

> **日文** （①ライス、②チャーハン、③水餃子、④焼餃子、⑤肉まん、⑥中華風うどん、⑦ワンタン、⑧焼きパン）にします。

> **谐音** （①拉伊斯 ②恰-汉 ③斯伊给奥杂 ④亚克医 给奥杂 ⑤尼库曼 ⑥求-卡夫-吴道 ⑦完坛 ⑧亚克医盼） 尼西马斯

> **中文** 我要（①米饭、②炒饭、③水饺、④水煎饺、⑤包子、⑥面条、⑦馄饨、⑧饼）。

> **日文** 勘定します。

> **谐音** 勘叫-西马斯

> **中文** 结账。

> **日文** 領収書をください。

> **谐音** 料-休-效奥库达萨伊

> **中文** 请开收据。

日文 （①胡椒、②塩、③醤油、④酢、⑤ワサビ、⑥ラー油、⑦ニンニク、⑧からし）を少しくださいませんか。

谐音 （①考效- ②西奥 ③效-尤 ④斯 ⑤瓦萨比 ⑥拉-油 ⑦您尼库 ⑧卡拉西）奥思考西库达萨伊马赛恩卡

中文 能给拿点儿（①胡椒、②盐、③酱油、④醋、⑤辣根、⑥辣椒油、⑦大蒜、⑧芥末）吗?

日文 タバコを二箱買ってきてください。

谐音 塔巴靠奥 尼哈靠卡×太克医太库达萨伊

中文 请帮我买2盒香烟。

日文 ミネラル・ウォーターをください。

谐音 米耐拉鲁沃-塔-奥 库达萨伊

中文 请给我矿泉水。

日文 料理をパックして持ち帰りできますか。

谐音 料-理奥帕×库西台冒棋卡爱里呆克医马斯卡

中文 饭菜能打包拿回去吗?

日文 今日は何を食べますか。

谐音 克医奥瓦 纳尼奥塔拜马斯卡

中文 我们今天吃什么?

日文 洋食はどうですか。

谐音 要-笑库瓦 到-呆斯卡

中文 西餐怎么样?

日文 私は韓国の焼肉を食べたいです。

谐音 瓦塔西瓦 看考哭闹亚克医尼库奥 塔白塔伊呆斯

中文 我想吃韩国烤肉。

日文 そうですね。タイ料理もいいですよ。

谐音 扫呆斯乃 塔伊料理冒伊伊呆斯要

中文 对了,泰国菜也不错。

> **日文** 中華料理の中であなたはどの地方の料理が好きですか。

> **谐音** 求-卡料-理闹纳卡呆　阿纳塔瓦道闹气号-闹料-理嘎斯克医呆斯卡

> **中文** 中餐中你喜欢哪个地方的菜?

> **日文** 四川料理の辛くてぴりぴりするのが好きです。

> **谐音** 西散料理闹　卡拉库台皮里皮里斯鲁闹嘎　斯克医呆斯

> **中文** 我很喜欢四川菜的麻辣。

> **日文** 広東料理の海鮮鍋物もとてもいいですね。

> **谐音** 看通料-理闹　卡伊塞恩纳百毛闹　毛淘台冒一一呆斯乃

> **中文** 广东菜的海鲜火锅也挺不错。

> **日文** 上海ガニはどうやって食べるのですか。

> **谐音** 夏恩　哈伊嘎尼瓦　到-亚×太塔拜鲁闹呆斯卡

> **中文** 上海螃蟹怎么吃?

日文
刺し身を食べる時は普通はわさびをつけます。

谐音
萨西米奥塔拜鲁涛克医瓦 夫词瓦 瓦萨比奥次开马斯

中文
吃生鱼片一般要放一点芥末。

日文
日本の寿司はどうつくるんですか。

谐音
尼号恩闹斯西瓦 到-此库鲁恩呆斯卡

中文
日本的寿司是怎么做的?

日文
中華料理を食べるのに何か気をつけることがありますか。

谐音
求-卡料-理奥 塔百鲁闹尼纳尼卡 克医奥此凯鲁考逃嘎阿里马斯卡

中文
吃中餐有什么讲究吗?

日文
実際のところ、何も特別なルールはありません。

谐音
吉×萨伊闹套考劳 纳尼毛涛库百次纳鲁-鲁瓦 阿里马散

中文
其实也没有什么特别的规矩。

餐饮

日文 このあたりに日本料理店がありますか。
谐音 考闹阿塔利尼你好恩料理泰恩嘎阿里马斯卡
中文 这附近有没有日本料理店?

日文 予約をしたいのですが。
谐音 咬牙苦熬西他一闹呆丝嘎
中文 我想预约。

日文 メニューを見せていただけますか。
谐音 买牛-凹米赛台以他打开马斯卡
中文 给我看一下菜单好吗?

日文 おすすめ品は何ですか。
谐音 奥斯斯麦黑恩瓦难呆斯卡
中文 有什么可以推荐的?

日文 ワインをいっぽんお願いします。
谐音 瓦因奥一×炮恩奥乃嘎一喜马斯
中文 请给我一瓶葡萄酒。

>日文 オムライスにします。
>谐音 奥姆拉伊斯尼希玛斯
>中文 我要蛋包饭。

>日文 タバコを吸ってもいいですか。
>谐音 它把靠澳丝×台毛一呆斯卡
>中文 可以抽烟吗？

>日文 どこで払うのですか。
>谐音 道靠带哈拉乌脑呆斯卡
>中文 在哪边付账呢？

★ 观光旅游

>日文 入場券は1枚いくらですか。
>谐音 纽-交-刊瓦 伊奇麻伊伊库拉呆斯卡
>中文 门票多少钱一张？

观光旅游

日文 入場券（①大人、②子供）3枚をください。
谐音 纽-交-刊（①凹涛纳②考道毛） 三麻伊奥库达萨伊
中文 买3张（①大人、②儿童）的门票。

日文 パンフレットを一部ください。
谐音 盼富来×逃奥伊奇部库达萨伊
中文 请给我一张导游图。

日文 中国語のパンフレットがありますか。
谐音 求-告库告闹 盼富来×逃嘎 阿里马斯卡
中文 有汉语的导游图吗？

日文 中国語のガイドさんがいますか。
谐音 求-告库告闹嘎伊道桑嘎 伊马斯卡
中文 有汉语导游吗？

日文 ガイド料はいくらですか。
谐音 嘎伊道料-瓦 伊库拉呆斯卡
中文 导游费是多少？

日文 すみませんが、総合案内センターはどこですか。

谐音 斯眯马散嘎 扫-告-安那伊赛恩塔-瓦道靠呆斯卡

中文 请问,综合服务中心在哪儿?

日文 すみませんが、このスポットの入場は予約できますか。

谐音 斯眯马散嘎 考脑斯泡×涛闹纽-角-瓦 咬压库呆克医马斯卡

中文 请问,这个景点可以预约吗?

日文 すみませんが、予約の方法を教えてくださいませんか。

谐音 斯眯马散嘎 咬压库脑号-号-凹 奥西爱台库达萨伊马散卡

中文 对不起,能告诉我预约的方法吗?

日文 すみませんが、家族とばらばらになってしまいました、呼び出しの放送をお願いできますか。

谐音 斯眯马散嘎 卡造库套巴拉巴拉尼那×台西马伊马西塔 药比达西脑号-扫-凹 奥乃嘎伊代克医马斯卡

中文 对不起,我和家人走散了,能给广播一下吗?

日文 相手は日本語は分からないので、私がアナウンスをしてもいいですか。

谐音 阿伊台瓦尼号恩告瓦 瓦卡拉那伊脑呆 瓦塔西嘎阿那乌恩丝凹 西台冒伊伊呆斯卡

中文 对方不懂日语，我能自己广播吗？

日文 すみませんが、写真を撮っていただけますか。

谐音 斯眯马散嘎 夏×信凹 淘×台伊塔达开马斯卡

中文 对不起，能帮我照张相吗？

日文 こちらもお撮りしましょうか。

谐音 考其拉冒 凹淘里西马笑卡

中文 我也帮您照一张吧？

日文 もう1枚お願いします。

谐音 毛伊奇麻伊 奥耐嘎一西马斯

中文 请再照一张。

> **日文** すみませんが、動物園行きの観光バスは何時発車しますか。

> **谐音** 斯眯马散嘎 道-不此爱恩由克脑看考-巴斯瓦南几哈×夏西马斯卡

> **中文** 请问，前往动物园的观光车几点开车？

> **日文** 市内観光がしたいですが、2～3ヶ所を教えてくださいませんか。

> **谐音** 西那伊刊考-嘎 西塔伊呆斯嘎 尼三卡角凹 奥西爱台库达萨伊马散卡

> **中文** 我想游览市内，能告诉我2～3个地方吗？

> **日文** ここは何時閉まりますか。

> **谐音** 考考瓦南几 西马里马斯卡

> **中文** 这里几点关门？

> **日文** この乗り物は子供に制限がありますか。

> **谐音** 考脑脑力毛脑瓦 考道毛尼赛伊改恩嘎 阿里马斯卡

> **中文** 这个项目对儿童有限制吗？

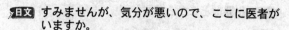

> **日文** すみませんが、気分が悪いので、ここに医者がいますか。
>
> **谐音** 斯眯马散嘎 克医不恩嘎瓦鲁伊脑呆 考考尼伊夏嘎伊马斯卡
>
> **中文** 对不起，我不舒服，这里有医生吗？

> **日文** すみませんが、ホテルに戻りたいので、タクシー呼んでくださいませんか。
>
> **谐音** 斯眯马散嘎 号太鲁尼冒道理塔伊脑呆 他哭西腰恩呆库大萨伊妈散卡
>
> **中文** 对不起，我要回宾馆，能帮我叫一辆出租车吗？

> **日文** ツアーに参加したいのですが。
>
> **谐音** 刺啊尼三卡西他一闹呆丝嘎
>
> **中文** 我想参加旅行团。

> **日文** どんなツアーがありますか。
>
> **谐音** 道纳赐阿嘎阿里马斯卡
>
> **中文** 有哪些旅游路线呢？

日文 出発はどこからですか。
谐音 休×怕词洼到靠卡拉代斯卡
中文 从哪里出发呢？

日文 出発は何時ですか。
谐音 休×怕词洼南极代斯卡
中文 几点出发呢？

日文 どのくらい時間がかかりますか。
谐音 到脑古啦一级看嘎卡卡里马斯卡
中文 要花多少时间呢？

日文 あしたは何か予定ある？
谐音 阿西他洼纳尼卡要太一阿鲁
中文 明天你有什么安排吗？

日文 秋葉原へ行きませんか。
谐音 啊克医哈巴拉伊克医马三卡
中文 去秋叶原吧。

观光旅游

日文 どこかへ行くんですか。
谐音 道靠卡埃一捆代斯卡
中文 去什么地方吗?

日文 旅行の日程、変えていただければと思いますが。
谐音 料考闹拟态一 卡爱太一它大开来巴澳贸易马斯嘎
中文 我想请你更改一下旅行日程安排。

日文 スキーもできて、温泉にも入れるようなところは、ありませんか。
谐音 丝克医-猫带克医台 奥恩塞恩泥毛衣来路要拿套考牢瓦 阿里马赛恩卡
中文 有没有既能滑雪又能泡温泉的地方?

日文 とてもおもしろかったです。
谐音 讨太毛澳毛系牢卡×塔呆丝
中文 很有意思。

> **日文** 東京ディズニーランドにあそびに行きたいです。
>
> **谐音** 套克医奥迪兹尼蓝恩岛你阿扫比尼一克医他一呆丝
>
> **中文** 想去东京迪斯尼乐园玩。

> **日文** 写真を一枚とりましょう。
>
> **谐音** 下心恩奥一起码一套里马笑
>
> **中文** 照一张相吧。

> **日文** すばらしい景色ですね。
>
> **谐音** 斯巴拉希凯西克医代斯奈
>
> **中文** 景色好美啊!

> **日文** トイレへ行ってきます。
>
> **谐音** 逃以来一×台克医马斯
>
> **中文** 我去一下洗手间。

> **日文** 電話をかけたいです。
>
> **谐音** 戴恩瓦奥卡开他一呆丝
>
> **中文** 我想打电话。

观光旅游

日文 公衆電話はどこですか。
谐音 考修戴恩瓦瓦到靠代斯卡
中文 公共电话在哪里？

日文 郵便局はどこですか。
谐音 油斌克医奥库瓦到靠代斯卡
中文 邮局在哪里？

日文 チベット行きのチケット1枚の予約をお願いします。
谐音 气×百涛邮克医闹 奇开×涛伊奇麻伊闹要压库奥 奥乃嘎伊西马斯
中文 我想订一张去西藏的机票。

日文 この予約票に記入をお願いします。
谐音 考脑要压库黑奥尼 克医牛奥 奥乃嘎伊西马斯
中文 请先填好这张预订单。

日文 きょうの北海道行き直行便は、もうありません。

谐音 克医奥闹好×卡伊道邮克医乔靠宾瓦 毛-阿里马散

中文 今天直飞北海道的航班已经没有了。

日文 すみませんが、他の航空会社で、その便があるかないかを見ていただけませんか。

谐音 斯米马散嘎 号卡脑靠-库-伊夏 扫脑宾嘎阿鲁卡那伊卡奥 米台伊塔达开马散卡

中文 请您帮我看看有没有其他航空公司的航班。

日文 このチケットは、搭乗日を変更できますか。

谐音 考脑奇开×涛瓦 涛角黑奥海恩考-呆克医马斯卡

中文 这机票可以改日期吗?

日文 このチケットはキャンセルできますか。

谐音 考脑奇开×涛瓦 克亚恩塞鲁克呆克医马斯卡

中文 这机票可以退吗?

观光旅游

日文 お手数ですが、領収書を1枚書いてください。

谐音 奥台斯-呆斯嘎　辽-修-笑奥伊奇麻伊卡伊太库达萨伊

中文 麻烦您给我开一张收据。

日文 領収書がないと、帰ってから精算できないのです。

谐音 辽-修-笑嘎纳伊涛　卡爱太卡拉塞伊散呆克医纳伊脑呆斯

中文 没有收据我回去不能报销。

日文 空港から市内までどのくらい時間がかかりますか。

谐音 库-靠卡拉西那伊马呆　道脑库拉伊季刊嘎卡卡里马斯卡

中文 从机场到市内需要多长时间？

日文 空港からホテルまで何キロありますか。

谐音 库-靠卡拉号太鲁马呆　难克医劳阿里马斯卡

中文 从机场到宾馆有多少公里？

日文 スタンダードルームを1部屋予約したいのですが、いくらですか。

谐音 斯坦达-到鲁-木奥 伊奇白亚亚要库西塔伊闹呆斯嘎 伊库拉斯卡

中文 我想预订一间标准间，价格是多少?

日文 キングサイズベッドのスタンダードルームをお願いします。

谐音 克医恩古萨伊兹拜×道闹 斯坦达-到鲁-木奥奥乃嘎伊西马斯

中文 我要大床的标准间。

日文 ダブルベッドのスタンダードルームをお願いします。

谐音 达不鲁拜×道闹 斯坦达-到鲁-木奥奥乃嘎伊西马斯

中文 我要双人床的标准间。

日文 この宿泊料金には朝食が含まれますか。

谐音 考脑休库哈库料-克医恩尼瓦 乔笑库嘎夫库马来马斯卡

中文 住宿费包括早餐吗?

★观看体育比赛

日文 すみませんが、サッカーの試合会場はどこですか。

谐音 斯眯马散嘎　萨卡-脑西阿伊卡伊角-瓦道靠呆斯卡

中文 对不起,足球的比赛地点在哪里?

日文 この会場どう行けばよいでしょうか。

谐音 考脑卡伊角-　到-伊开巴要伊呆笑卡

中文 怎么去这个会场才好呢?

日文 会場への乗り換え方を書いてください。

谐音 卡伊角-爱脑　脑里卡爱卡塔凹　卡伊太库达萨伊

中文 请给我写一下去会场的换车路线。

日文 観客席はどのようになっていますか。

谐音 看克呀库赛克医瓦　道脑要-尼那×台伊马斯卡

中文 观众席是什么情况?

日文 （①自由席、②指定席）Bエリア、2階にします。

谐音 （①机由-塞克医 ②西台伊塞克医）B爱立啊 尼卡伊尼西马斯

中文 我要（①不对号入座、②对号入座）B区域、二楼。

日文 入場券はいくらですか。

谐音 纽-角-开恩瓦 伊库拉呆斯卡

中文 门票多少钱一张？

日文 試合のパンフレットをください。

谐音 西阿伊闹 盼富来逃奥库达萨伊

中文 请给我一份有关比赛的资料。

日文 中国語のパンフレットがありますか。

谐音 求-告库告闹 盼富来×逃嘎阿里马斯卡

中文 有汉语简介的资料吗？

观看体育比赛

> **日文** 中国語の通訳さんがいますか。
> **谐音** 求-告库告闹 此-压库桑嘎伊马斯卡
> **中文** 有汉语翻译吗?

> **日文** 通訳料はいくらですか。
> **谐音** 此-压库料-瓦 伊库拉呆斯卡
> **中文** 翻译的费用是多少?

> **日文** すみませんが、この座席はどこですか。
> **谐音** 斯眯马散嘎 考脑杂赛克医瓦道靠呆斯卡
> **中文** 请问,这个坐席在哪里?

> **日文** 外国人専用席はどこですか。
> **谐音** 嘎伊高库金三要-塞克医瓦道靠呆斯卡
> **中文** 外国人专用坐席在哪里?

91

日文 今は、どのチームとどのチームが試合をしていますか。

谐音 伊马瓦 道脑气-木涛道脑气-木嘎 西阿伊凹西台伊马斯卡

中文 现在是哪个队和哪个队在比赛?

日文 今の選手の成績はどのようになっていますか。

谐音 伊马闹 三休闹赛伊赛克医瓦 道脑要-尼那×台伊马斯卡

中文 运动员的成绩如何?

日文 これは1次リング試合ですか。

谐音 考来瓦 伊奇记林古西阿伊呆斯卡

中文 这是第一轮比赛吗?

日文 赤ユニフォームの選手の名前は何ですか。

谐音 阿卡由尼否-木闹 赛恩休闹那马爱瓦 南呆斯卡

中文 穿红运动服的选手叫什么?

观看体育比赛

日文 すみませんが、トイレはどこですか。

谐音 斯眯马赛恩嘎 逃伊来瓦道靠呆斯卡

中文 请问，洗手间在哪儿？

日文 この項目の試合会場はどこですか。

谐音 考脑考-毛库闹西阿伊卡伊角-瓦 道靠呆斯卡

中文 这个项目的比赛场地在哪儿？

日文 （①シャトルバス、②路線バス）の停留所はどこですか。

谐音 （①夏涛鲁巴斯②劳塞恩巴斯）闹太伊留-交瓦道靠呆斯卡

中文 （①直达大巴、②公共汽车）的车站在哪儿？

日文 入場料はいくらですか。

谐音 牛-角-料瓦伊库拉代斯卡

中文 入场券要多少钱？

>日文 相撲を見に行きたいです。
>谐音 思茅-奥米尼一克医他一呆丝
>中文 我想去看相扑。

★购物

>日文 すみませんが、家電の売り場はどこですか。
>谐音 斯眯马散嘎 卡代恩脑乌里巴瓦道靠呆斯卡
>中文 请问,电器商品的柜台在哪里?

>日文 パソコンがありますか。
>谐音 怕扫靠恩嘎阿里马斯卡
>中文 有个人电脑吗?

>日文 見せてくださいませんか。
>谐音 眯赛台库达萨伊马散卡
>中文 能让我看看吗?

> 日文 試着できますか。
> 谐音 西恰库呆克医马斯卡
> 中文 能穿一下试试吗?

> 日文 いくらですか。
> 谐音 伊库拉呆斯卡
> 中文 多少钱?

> 日文 少し安くしていただけませんか。
> 谐音 思考西亚斯库西台伊塔达开马散卡
> 中文 能便宜点吗?

> 日文 10万5千円でいいですか。
> 谐音 九-慢告三爱恩呆伊-呆斯卡
> 中文 10万5千日元怎么样?

> 日文 10万円だったら、買いますよ。
> 谐音 九-慢爱恩达塔拉　卡伊马斯药
> 中文 要是10万日元,我就买。

> **日文** もっと安くしてください。

> **谐音** 冒×涛亚斯库西台库达萨伊

> **中文** 再给便宜点。

> **日文** クレジットカードでの支払いはできますか。

> **谐音** 库来机×套卡-道呆脑 西哈拉伊瓦呆克医马斯卡

> **中文** 能用信用卡付款吗？

> **日文** これはお土産にしたいですので、包装お願いします。

> **谐音** 考来瓦奥秘亚盖尼西塔伊呆斯脑呆 号-扫-奥耐嘎伊西马斯

> **中文** 这是礼品，请给包装一下。

> **日文** 買物袋をもう1枚くれませんか。

> **谐音** 卡伊毛脑不库劳奥 毛-伊奇麻伊库来马散卡

> **中文** 能再给一个购物袋吗？

> **日文** この商品は外国で使用はできますか。
> **谐音** 考脑笑-嘿恩瓦 嘎伊靠库呆西要-注 呆克医马斯卡
> **中文** 这个商品可以在外国用吗?

> **日文** 電圧は何ボルトでしょうか。
> **谐音** 单阿次瓦 难泡鲁涛呆笑卡
> **中文** 电压是多少伏?

> **日文** この商品はどこの製品ですか。
> **谐音** 考脑笑-嘿恩瓦 道靠闹赛伊嘿恩呆斯卡
> **中文** 这种商品是哪儿产的?

> **日文** これはNTSC方式ですか、PAL方式ですか
> **谐音** 考来瓦 爱努体爱斯西号-西克医呆斯卡 皮爱爱鲁号-西克医呆斯卡
> **中文** 这是NTSC制式的,还是PAL制式的?

> **日文** 免税できますか。
> **谐音** 满载一呆克医马斯卡
> **中文** 可以免税吗?

日文 商品をホテルに発送していただけますか。

谐音 笑-嘿恩凹 号太鲁尼哈×扫-西台伊塔达开马斯卡

中文 可以把商品送到宾馆吗?

日文 送料はいくらですか。

谐音 扫-料-瓦 伊库拉呆斯卡

中文 送货的费用是多少?

日文 海外への発送はできますか。

谐音 卡伊嘎伊爱脑 哈×扫-瓦呆克医马斯卡

中文 可以寄往国外吗?

日文 探している人は日本語は分からないので、私がアナウンスしてもいいですか。

谐音 萨嘎西台伊鲁黑陶瓦 尼号恩告瓦卡拉那伊脑呆 瓦塔西嘎那乌恩丝西台冒伊伊呆斯卡

中文 我要找的人不懂日语,我能自己广播吗?

购物

日文 荷物を一時的に預けたいですが、できますか。

谐音 尼毛词凹伊奇记太克医尼 阿兹凯塔伊呆斯嘎 呆克医马斯卡

中文 我想把东西先存在您这里，可以吗？

日文 ガムテープがありますか。

谐音 嘎木台-普嘎 阿里马斯卡

中文 有胶带吗？

日文 すみませんが、これは大きいので、返品してくれませんか。

谐音 斯眯马散嘎 考来瓦傲克医脑呆 海恩品西台库来马散卡

中文 对不起，这个太大了，能退货吗？

日文 レシートがありますか

谐音 莱希-陶嘎阿里马斯卡

中文 有发票吗？

日文 レシートがなければ返品できません。

谐音 莱希-陶嘎那开来把　海恩品呆克医马赛恩

中文 没有发票不能退货。

日文 使用後の商品は返品できません。

谐音 西药-高闹笑-嘿恩瓦　海恩品呆克医马赛恩

中文 用过的商品不能退货。

日文 すみません、切符売り場はどこですか。

谐音 斯米马散　克医普乌里巴瓦　道靠呆斯卡

中文 对不起，售票处在哪儿？

日文 免税店はありますか。

谐音 面在一　台恩瓦阿里马斯卡

中文 有免税商店吗？

日文 いくらですか。

谐音 一库拉代斯卡

中文 多少钱？

>日文 もうちょっと安くなりませんか。
>谐音 毛桥×涛亚斯库纳里马赛恩卡
>中文 能再便宜一点吗?

>日文 包んでください。
>谐音 词词恩代枯达萨伊
>中文 请给我包起来。

>日文 返品したいのですが。
>谐音 海恩品西他一闹呆丝嘎
>中文 我想退货。

>日文 じゃあ、それをください。
>谐音 架 扫来澳枯达萨伊
>中文 好,请给我那个。

>日文 じゃあ、けっこうです。
>谐音 架 开×考呆丝
>中文 那,算了。

日文	何を買ったらいいでしょうか。
谐音	那尼奥卡×塔拉一一带笑卡
中文	买什么好呢?

日文	婦人服売り場は何階ですか。
谐音	附近府库武力巴瓦南卡伊代斯卡
中文	女式服装在几楼?

日文	どうぞ、ご自由にごらんください。
谐音	倒-灶 高级油尼高拉恩库达萨伊
中文	请随便看。

日文	お支払いは現金ですか、カードですか。
谐音	奥西哈拉伊瓦盖恩 克医恩代斯卡 卡-到代斯卡
中文	付账用现金,还是用卡?

日文	これを取りかえてくれますか。
谐音	考来澳逃离卡埃台库赖马斯卡
中文	这个可以给我换吗?

★ 在邮局

日文 すみませんが、この近くに郵便局がありますか。
谐音 斯眯马散嘎 考脑其卡库尼邮-斌靠嘎阿里马斯卡
中文 请问，附近有邮局吗?

日文 分かりました。ありがとうございます。
谐音 瓦卡里马西塔　阿里嘎逃-高杂伊马斯
中文 知道了，谢谢。

日文 すみませんが、タクシーを呼んでいただけますか。運転手さんに郵便局の場所を教えてくださいませんか。
谐音 斯眯马散嘎 塔库西-奥要恩伊塔达开马斯卡 乌恩谈修桑尼由-斌克医奥库闹罢校奥 奥西爱太库达萨伊马散卡
中文 对不起，能帮我叫一辆出租车吗? 顺便告诉司机邮局的地点。

日文 この手紙を日本に発送したいです。
谐音 考脑台嘎眯奥 尼号恩尼哈×扫-西台伊呆斯
中文 我要把这封信寄到日本。

日文 (①普通、②船便、③航空便、④EMS) にします。

谐音 (①扶次- ②弗纳斌 ③考-库-斌 ④伊爱木爱斯) 尼西马斯

中文 寄(①平信、②船运、③航空、④EMS)。

日文 (①手紙、②写真、③書類) です。

谐音 (①台嘎眯 ②夏信 ③小鲁艺) 呆斯

中文 是(①信、②照片、③材料)。

日文 50円の切手を2枚ください。

谐音 高就-爱恩闹克医×台奥尼马伊库达萨伊

中文 我买两张50日元的邮票。

日文 記念の切手を買いたいです。

谐音 克医乃恩闹克医×台奥 卡伊塔伊呆斯

中文 我买纪念邮票。

日文 2セットをください。

谐音 尼塞×涛奥 库达萨伊

中文 我买2套。

在邮局

日文 これは（①船便、②航空便、③EMS）で中国に送りたいです。

谐音 考来瓦 （①弗纳斌 ②考-库-斌 ③伊爱木爱斯） 呆求-告库尼奥库利他伊呆斯

中文 我想把这个用（①船运、②航空、③EMS）寄到中国。

日文 包装用のダンボールを買ってください。１０００円です。

谐音 号-扫-要-闹 单暴-鲁奥卡×太库达萨伊 三爱恩呆斯

中文 请买包装用的纸盒箱。这是1000日元。

日文 （①用紙、②包み）に住所、名前、連絡用の電話番号などを漢字で記入してください。

谐音 （①要-西 ②次次米）尼就-笑 那马爱 兰拉库要-闹 单瓦办高-那道奥看几呆克医牛-西台库达萨伊

中文 请在（①单子上、②包裹上）用汉字写上住址、姓名、联系电话等。

日文 送料は１０００円。

谐音 扫-料-瓦三爱恩

中文 邮费是1000日元。

日文 人民元を中国国内に送金したいです。

谐音 金民改恩奥 秋-告库靠库纳伊尼 扫-克医恩西塔伊呆斯

中文 我想往中国国内汇人民币。

日文 国際電話をかけたいです。

谐音 靠库萨伊戴恩瓦奥 卡开塔伊呆斯

中文 我想打国际电话。

日文 テレホンカードは一枚いくらですか。

谐音 台来号恩卡-道瓦 伊奇麻伊伊库拉呆斯卡

中文 电话卡多少钱一张？

日文 すみませんが、電話機はどこにありますか。

谐音 斯眯马散嘎 戴恩瓦克医瓦道靠尼阿里马斯卡

中文 请问，电话机在哪里？

日文 大阪に電話したいのですが、市外局番を教えてくださいませんか。

谐音 奥-萨卡尼单瓦西塔伊脑呆斯嘎 西嘎伊克医奥库办奥奥西爱太库达萨伊马散卡

中文 我想往大阪打电话,能告诉我那里的区号吗?

日文 すみませんが、近くにはカード式公衆電話がありますか。

谐音 斯眯马散嘎 其卡库尼瓦 卡-道西克医靠-修-戴恩瓦嘎阿里马斯卡

中文 对不起,这附近有卡式公用电话吗?

日文 電報を打ちたいです。

谐音 戴恩泡-奥 乌气塔伊呆斯

中文 我想发电报。

日文 イタリアまで航空便でいくらですか。

谐音 一它离阿马代考-库-斌带一库拉代斯卡

中文 邮寄到意大利的航空邮件要多少钱?

★乗列车

日文 すみませんが、列車時刻表がありますか。

谐音 斯眯马散嘎 来×夏几靠库黑奥-嘎-阿里马斯卡

中文 请问,有列车时刻表吗?

日文 すみませんが、切符売り場はどこですか。

谐音 斯眯马散嘎 克医×普乌里巴瓦道靠呆斯卡

中文 请问,售票处在什么地方?

日文 すみませんが、大阪に行きたいですが、列車と時刻を調べていただけますか。

谐音 斯眯马散嘎 奥-萨卡尼伊克医塔伊呆斯嘎 来×夏涛几靠库奥西拉百台伊塔达开马斯卡

中文 对不起,我要去大阪,能帮我查一下车次和时间吗?

日文 それはどんな列車ですか。

谐音 扫来瓦到恩纳 来×夏呆斯卡

中文 是什么样的列车?

乘列车

> **日文** 直通ですか。
> **谐音** 乔库次-呆斯卡
> **中文** 是直达吗?

> **日文** 大阪行き大阪駅までの（①大人、②子供）切符3枚ください。
> **谐音** 奥-萨卡有克医 奥-萨卡爱克医马呆闹（①奥逃那 ②考道毛）克医×普三麻伊库伊达萨伊
> **中文** 我买开往大阪的，到大阪站的3张（①大人、②小孩）票。

> **日文** （①自由席、②指定席、③グリーン車、④寝台）でお願いします。
> **谐音** （①机由-塞克医 ②西台伊塞克医 ③古林-夏 ④信达伊）呆奥乃嘎伊西马斯
> **中文** 我要（①不对号票、②对号票、③软席、④卧铺）。

> **日文** （①禁煙席、②喫煙席）でお願いします。
> **谐音** （①克医 安塞克医 ②克医次安塞克医）呆奥乃嘎伊西马斯
> **中文** 要（①禁烟车厢、②吸烟车厢）。

日文 （①通路側、②窓側）でお願いします。

谐音 （①此-劳嘎瓦 ②马道嘎瓦）呆奥乃嘎伊西马斯

中文 要靠（①过道、②窗户）的。

日文 すみませんが、何番ホームで乗車しますか。

谐音 斯眯马散嘎　难班号-木呆角-夏西马斯卡

中文 请问，在第几站台上车？

日文 自動券売機の使い方は分かりませんので、教えてくださいませんか。

谐音 寄到-看巴伊克医闹此卡伊卡塔瓦　瓦卡里马散闹呆　奥西爱太库达萨伊马散卡

中文 我不会使用自动售票机，您能告诉我吗？

日文 大阪行きの列車は何番ホームですか。

谐音 奥-萨卡又克医闹来×夏瓦　难班号-木呆斯卡

中文 去大阪的列车在第几站台？

日文 すみませんが、この列車は大阪行きですか。

谐音 斯眯马散嘎　考脑来×夏瓦　奥-萨卡右克医呆斯卡

中文 请问，这是去大阪的列车吗？

日文 すみませんが、3番ホームはどこですか。

谐音 斯眯马散嘎　三班号-木瓦道靠呆斯卡

中文 请问，第3站台在哪里？

日文 すみませんが、改札口はどこですか。

谐音 斯眯马散嘎　卡伊萨次古起瓦道靠呆斯卡

中文 请问，检票口在哪里？

日文 トイレはどこですか。

谐音 逃伊来瓦道靠呆斯卡

中文 洗手间在哪里？

日文 公衆電話はどこにありますか。

谐音 靠-修-戴恩瓦瓦　道靠尼阿里马斯卡

中文 公共电话在哪里？

日文 売店はどこですか。

谐音 巴伊谭瓦 道靠呆斯卡

中文 商店在哪里?

日文 一時預かり所はどこですか。

谐音 伊奇纪阿兹卡里道靠劳瓦 道靠呆斯卡

中文 寄存处在哪里?

日文 駅の構内で食事できる所がありますか。

谐音 爱克医闹考-那伊呆 小库纪呆克医鲁道靠劳嘎阿里马斯卡

中文 车站里有能吃饭的地方吗?

日文 荷物を預けるところはありますか。

谐音 尼毛词奥阿兹开路套考劳瓦 阿里马斯卡

中文 有可以存东西的地方吗?

乘列车

日文 駅には有料の荷物を運ぶサービスがありますか。呼んでくださいませんか。

谐音 爱克医尼瓦有-料-闹尼毛词奥 哈靠不萨-比斯嘎阿里马斯卡 要恩呆库达萨伊马散卡

中文 车站里有收费运行李的服务吗？能帮我叫一下吗？

日文 すみませんが、大阪行きの3番列車の待合室は、どこですか。

谐音 斯眯马散嘎 奥-萨卡有克医闹 三班来夏闹马气阿伊席次瓦 道靠呆斯卡

中文 请问，开往大阪的3次火车候车室在哪儿？

日文 すみませんが、大阪行きの3番の列車は、どこで改札しますか。

谐音 斯眯马散嘎 奥-萨卡又克医闹 三班脑来夏瓦 道靠呆卡伊萨次西马斯卡

中文 请问，开往大阪的3次火车在哪里检票？

日文 大阪行きの3番列車は何番ホームで乗車しますか。

谐音 奥-萨卡又克医闹 三班来×夏瓦 难班号-木呆角-夏西马斯卡

中文 请问，开往大阪的3次火车在第几站台上车？

日文 すみませんが、これは 大阪行きの列車ですか。

谐音 斯眯马散嘎　考来瓦　奥-萨卡有克医闹来×夏呆斯卡

中文 请问，这是开往大阪的列车吗?

日文 すみませんが、8号車はどこですか。

谐音 斯眯马散嘎　哈奇告-夏瓦道靠呆斯卡

中文 请问，8号车厢在哪里?

日文 すみませんが、何時から乗ることができますか。

谐音 斯眯马散嘎　难记卡拉闹鲁考逃嘎呆医马斯卡

中文 请问，几点可以上车?

日文 すみませんが、荷物が重いので、ちょっと手伝ってくださいませんか。

谐音 斯眯马散嘎　尼毛词嘎奥毛伊闹呆　桥涛台词达太库达萨伊马散卡

中文 对不起，行李太重，能帮我一下吗?

乘列车

日文 私は 8号车3番 ですが、あなたもここですか。

谐音 瓦塔西瓦 哈奇告-夏 三班呆斯嘎 阿纳塔冒考考呆斯卡

中文 我是8号车厢的3号座位，您也是这里吗？

日文 この席は空いていますか。

谐音 考脑塞克医瓦 阿伊太伊马斯卡

中文 这个座位没人吧？

日文 すみませんが、座席を交换していただけませんか。

谐音 斯眯马散嘎 杂赛克医奥靠-看西台伊塔达开马散卡

中文 对不起，我们能互换一下座位吗？

日文 すみませんが、この列车は何时に大阪驿に到着しますか。

谐音 斯眯马散嘎 考脑来夏瓦南几尼 奥-萨卡爱克医尼淘-恰库西马斯卡

中文 请问，这趟车几点到达大阪站？

日文 すみませんが、列車は定刻どおり運行していますか。

谐音 斯眯马散嘎 来×夏瓦台医靠库到奥利乌恩考-西台伊马斯卡

中文 请问,列车是正点运行吗?

日文 すみませんが、大阪駅まで後どのくらい時間がかかりますか。

谐音 斯眯马散嘎 奥-萨卡爱克医马呆阿涛道脑库拉伊季刊嘎卡卡里马斯卡

中文 请问,到大阪站还有多少时间?

日文 すみませんが、日本語が分かりませんので、大阪駅に着く前に教えてください。

谐音 斯眯马散嘎 尼号恩告嘎瓦卡里马散脑呆 奥-萨卡爱克医尼次库马艾尼奥西爱太库达萨伊

中文 对不起,我不懂日语,到大阪车站之前请告诉我一声。

乘列车

日文 すみませんが、大阪駅で降りますが、寝てしまったら、呼んでいただけますか。

谐音 斯眯马散嘎 奥-萨卡爱克医呆奥里马斯嘎 乃太西马×塔拉 要恩呆伊塔达开马斯卡

中文 对不起，我在大阪车站下车，要是睡着了，能叫我一声吗？

日文 この列車には食堂車がありますか。

谐音 考脑来×夏尼瓦 小库到-夏嘎阿里马斯卡

中文 这趟车上有餐车吗？

日文 この列車には公衆電話がありますか。

谐音 考脑来×夏尼瓦 靠-修-戴恩瓦嘎阿里马斯卡

中文 这趟车上有公用电话吗？

日文 すみませんが、切符を失いしました。

谐音 斯眯马散嘎 克医×普奥乌西那伊西马西塔

中文 对不起，（我）车票丢了。

日文 すみませんが、グリーン車にチェンジしてくださいませんか。

谐音 斯眯马散嘎 古林-夏尼切恩纪西塔库达萨伊马散卡

中文 对不起,能给我换成软席吗?

日文 すみませんが、トイレに行きますので、席を見ていていただけますか。

谐音 斯眯马散嘎 逃伊来尼伊克医马斯脑呆 塞克医奥米台伊太伊塔达开马斯卡

中文 对不起,我去一下洗手间,能帮我看一下座位吗?

日文 すみませんが、あなたの携帯でこの電話番号にかけていただけますか。

谐音 斯眯马散嘎 阿纳塔闹开伊塔伊呆 考脑戴恩瓦班高-尼卡开台伊塔达开马斯卡

中文 对不起,能用您的手机帮我打这个电话号码吗?

日文 (①乗務員、②車掌さん)を呼んでくださいませんか。

谐音 (①角-暮因 ②夏乔桑)奥要恩呆库达萨伊马散卡

中文 能帮我叫一下(①乘务员、②车长)吗?

乘列车

日文 すみませんが、乗り越しをしてしまいました。どうしたらいいでしょうか。

谐音 斯眯马散嘎 脑里靠西奥西台西马伊马西塔 到-西塔拉伊伊呆效卡

中文 对不起，我坐过站了，该怎么办呢？

日文 すみませんが、途中で誤下車してしまったんですが、どうしたらいいでしょうか。

谐音 斯眯马散嘎 逃求-呆告盖夏西台西马弹呆斯嘎 到-西塔拉伊伊呆效卡

中文 对不起，我下错站了，该怎么办呢？

日文 大阪駅で下車するつもりでした。

谐音 奥-萨卡爱克医呆改夏斯鲁次毛里呆西塔

中文 我是准备在大阪站下车的。

日文 京都行きの一等寝台の切符を2枚お願いします。

谐音 陶-克医奥邮-克医闹 伊×涛-信达伊闹克医×普奥尼马伊奥乃嘎伊西马斯

中文 我要两张去京都的软卧。

日文 すみません、改札口はどこですか。

谐音 斯米马散　卡伊萨次古气瓦道靠呆斯卡

中文 对不起，检票口在哪儿？

日文 京都行きは、ここで改札をするのですか。

谐音 陶-克医奥邮-克医瓦　考考呆卡伊萨次奥斯鲁闹呆斯卡

中文 去京都是在这儿检票吗？

日文 北海道へ行くには、何番ホームから乗車しますか。

谐音 好×卡伊道-艾伊库尼瓦　难办好-木卡拉-角夏西马斯卡

中文 去北海道从哪个站台上车？

日文 6号車は、そこの階段から下りるのがもっと近いですよ。

谐音 劳苦告夏瓦　扫考脑单卡伊卡拉奥里鲁闹嘎　冒×涛气卡伊斯要

中文 6号车厢从那个楼梯下去更近。

日文
すみませんが、荷物をちょっと見ていてくれますか、食べ物を買ってきますので。

谐音
斯米马散嘎　尼毛词奥乔×涛米台伊太库来马斯卡　塔白毛闹奥卡×太克医马斯闹呆

中文
麻烦你帮我看一下行李，我去买点吃的。

日文
すみません、私はどうしても6号の席でなければなりませんか。

谐音
斯米马散嘎　瓦塔西瓦道×西台毛劳苦高闹赛克医呆那开来把那里马散卡

中文
对不起，我怎么也是6号座呢？

日文
車掌がまもなく車内改札にやって来るはずです。

谐音
夏笑-嘎马毛那库夏纳伊卡伊萨次尼　亚×太库鲁哈兹呆斯

中文
列车员过一会儿会来检票的。

日文
車掌さんすみません、お湯を少し欲しいのですが。

谐音
夏笑-桑　斯米马散　奥邮-奥思考西号西闹呆斯嘎

中文
列车员，麻烦您给我一点热水。

> **日文** 車掌さん、駅に着いたら私たちに一声かけてください。
>
> **谐音** 夏笑-桑　艾克医尼此伊塔拉瓦塔西塔奇尼　黑涛高涛卡开台库达萨伊
>
> **中文** 列车员，麻烦您到站时告诉我们一下。

> **日文** 南口はどうやっていきますか。
>
> **谐音** 米纳米鼓起洼到亚×太一克医马斯卡
>
> **中文** 去南出口要怎么走呢?

> **日文** 時刻表はどこにありますか。
>
> **谐音** 基靠库黑奥洼到靠尼阿里马斯卡
>
> **中文** 哪里有时刻表?

> **日文** 切符売り場はどこですか。
>
> **谐音** 克医×普武力巴瓦到靠代斯卡
>
> **中文** 请问售票处在哪里?

乘列车

日文 京都までいくらかかりますか。

谐音 克医奥逃麻袋一库拉卡卡里马斯卡

中文 到京都要多少钱?

日文 甲子園へ行くにはどこで乗り換えればいいですか。

谐音 靠-喜爱恩爱衣裤涛尼瓦到靠带脑里卡埃来巴一代斯卡

中文 去甲子园要在哪里换车?

日文 この席は空いてますか。

谐音 考闹赛克医瓦阿伊泰马斯卡

中文 这个位子有人吗?

★在医院

日文 私は体の調子が悪いので、電話して救急車を呼んでください。

谐音 瓦塔西瓦 卡拉达闹乔-西嘎瓦卢伊脑呆 戴恩瓦戏台克医欧-克医欧-夏奥 要恩呆库达萨伊

中文 我不舒服,请打电话帮我叫救护车。

日文 病院に電話して救急車を呼んでください。

谐音 表-因尼戴恩瓦戏台克医欧-克医欧-夏奥 要恩呆库达萨伊

中文 请帮我给医院打电话,叫一辆救护车。

日文 病院に行きたいですが、連れて行っていただけませんか。

谐音 表-因伊克医塔伊呆斯嘎 此来台伊×太伊塔达开马散卡

中文 我要去医院,能带我去吗?

日文 体の調子が悪い。

谐音 卡拉达闹乔-西嘎瓦鲁伊

中文 我感到不舒服。

在医院

日文 おなかが痛い。
谐音 奥那卡嘎伊塔伊
中文 我肚子疼。

日文 怪我をした。
谐音 凯嘎奥西塔
中文 我受伤了。

日文 息が苦しい。
谐音 伊克医嘎库鲁西
中文 我呼吸困难。

日文 私は車にはねられました。
谐音 瓦塔西瓦库鲁马尼瓦 乃拉来马西塔
中文 我被汽车给撞了。

日文 すみませんが、受付はどこですか。
谐音 斯眯马散嘎 吴开次开瓦道靠呆斯卡
中文 请问,挂号处在哪里?

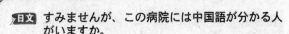

> 日文 すみませんが、この病院には中国語が分かる人がいますか。

> 谐音 斯眯马散嘎 考脑表-因尼瓦 求-告库告嘎瓦卡鲁黑涛嘎伊马斯卡

> 中文 请问,你们医院里有懂汉语的吗?

> 日文 何科の先生に見てもらったらいいですか。

> 谐音 难卡闹散赛伊尼 米台毛拉×塔拉伊-呆斯卡

> 中文 看哪科好呢?

> 日文 (①内科、②外科、③婦人科、④急診)でお願いします。

> 谐音 (①那伊卡 ②嘎伊卡 ③妇进卡 ④ 克腰-辛) 呆奥乃嘎伊西马斯

> 中文 我挂(①内科、②外科、③妇科、④急诊)。

> 日文 (①内科、②外科、③婦人科、④急診)はどこですか。

> 谐音 (①那伊卡②嘎伊卡③妇进卡④克要-欧辛)瓦道靠呆斯卡

> 中文 (①内科、②外科、③妇科、④急诊)在哪儿?

在医院

日文 診察に来ましたが日本語が分かりませんので、私の番になったら呼んでください。

谐音 新萨次尼克医马西塔嘎　尼号恩告嘎瓦卡里马散脑呆瓦塔西闹班尼那塔拉　要恩呆库达萨伊

中文 我是来看病的，不懂日本语，轮到我的时候，请叫我一声。

日文 体温を測りましょう。

谐音 塔伊奥恩奥 哈卡里马笑-

中文 量一下体温。

日文 血圧を測りましょう。

谐音 开次阿次奥哈卡里马笑

中文 量下血压。

日文 見せてください。

谐音 眯赛台库达萨伊

中文 让我看看。

日文 聴診するから、服をあげてください。

谐音 乔-新斯鲁卡拉 府库奥阿盖台库达萨伊

中文 把衣服解开一下,我听一下诊。

日文 ここに横になってください。

谐音 考考尼要靠尼 那台库达萨伊

中文 请躺在这里。

日文 (①血液検査、②尿検査)をしてください。

谐音 (①开次爱克医看萨 ②尿-看萨) 奥西台库达萨伊

中文 请做一下(①血检、②尿检)。

日文 注射を受けてください。

谐音 求-夏奥乌开台库达萨伊

中文 请去打针。

日文 薬を受け取りに来ました。

谐音 库斯里奥乌开逃离尼 克医马西塔

中文 我是来取药的。

> 日文　（①診断書、②入院証明書、③領収書）をください。

> 谐音　（①新单笑 ②牛-因笑-麦伊笑 ③辽-修-笑）奥库达萨伊

> 中文　请给我开一张（①诊断书、②住院证明、③收据）。

> 日文　病院へ連れて行ってください。

> 谐音　标引爱次来台以×台枯达萨伊

> 中文　请带我到医院。

> 日文　気分が悪いです。

> 谐音　克医笨嘎瓦卢一代斯

> 中文　我觉得不舒服。

★ 在机场

> 日文　空港に行きのリムジンバスはありますか。

> 谐音　库-靠-尼伊克医闹里木信巴斯瓦阿里马斯卡

> 中文　有去机场的大巴吗？

日文 何時にどこで乗車すればいいですか。

谐音 难记尼道靠呆角-夏斯来巴伊-呆斯卡

中文 几点在什么地方上车?

日文 すみませんが、成田空港に行きたいですが、タクシーを呼んでいただけますか。

谐音 斯眯马散嘎 哪里他库-靠-尼伊克医塔伊呆斯嘎 塔库西-奥要恩呆伊塔达开马斯卡

中文 对不起,我要去成田机场,能帮我叫出租车吗?

日文 成田空港の(①国際、②国内)出発です。

谐音 哪里他库-靠-脑(①靠库萨伊②靠库纳伊)修帕词呆斯

中文 成田机场的(①国际、②国内)出发口。

日文 何時の飛行機ですか。

谐音 难记闹黑靠-克医呆斯卡

中文 几点的飞机?

在机场

日文 すみませんが、ANA航空の302便の搭乗手続きは何番カウンターですか。

谐音 斯眯马散嘎 啊那靠-库-脑 三在劳尼斌脑涛-角-台次兹克医瓦难班卡乌恩啊塔-呆斯卡

中文 请问，全日空航空的302航班在哪个柜台办理登机手续？

日文 すみませんが、ANAカウンターはどこにありますか。

谐音 斯眯马散嘎 啊那卡乌恩塔-瓦道靠尼阿里马斯卡

中文 请问，全日空柜台在哪里？

日文 ごめんなさい。荷物を整理し直します。

谐音 高麦恩那萨伊 尼毛词奥赛伊里西那奥西马斯

中文 对不起，我把行李重新整理一下。

日文 （①通路側、②窓側）でお願いします。

谐音 （①此-劳嘎瓦 ②马道嘎瓦）呆奥乃嘎伊西马斯

中文 要（①靠过道、②靠窗户）的。

日文 すみませんが、出国手続きのところはどこですか。

谐音 斯眯马散嘎 修靠库台次兹克医闹涛考劳瓦道靠呆斯卡

中文 请问,办出境手续的地方在哪里?

日文 すみませんが、出国カード・通関申請カードはどこにありますか。

谐音 斯眯马散嘎 修靠库卡-道 此-看心赛伊卡-道瓦道靠尼阿里马斯卡

中文 对不起,哪里有出境卡、免税申报单?

日文 搭乗ゲートは二番です。8時5分までに行ってください。

谐音 涛-角-盖-涛瓦 尼班呆斯 哈奇级告负恩 马呆尼伊×台库达萨伊

中文 登机口是2号,请在8点5分之前到那里。

日文 すみませんが、このカードの書き方が分かりません。教えてくださいませんか。

谐音 斯眯马散嘎 考脑卡-道闹卡克医卡塔嘎瓦卡里马散 奥西爱太库达萨伊马散卡

中文 对不起,我不会填写这张卡。能教给我吗?

日文 すみませんが、二番ゲートはどこですか。

谐音 斯眯马散嘎 尼班盖-涛瓦道靠呆斯卡

中文 请问，2号登机口在哪里？

日文 すみませんが、ここは302便の搭乗ゲートですか。

谐音 斯眯马散嘎 考考瓦三在劳尼斌脑涛-角-盖-涛呆斯卡

中文 对不起，这里是302航班的登机口吗？

日文 すみませんが、この座席はどこですか。

谐音 斯眯马散嘎 考脑杂赛克医瓦道靠呆斯卡

中文 请问，这个座位在哪里？

日文 すみませんが、座席を交換していただけますか。

谐音 斯眯马散嘎 杂赛克医奥靠-看西台伊塔达开马斯卡

中文 对不起，能换一下座位吗？

> **日文** すみませんが、中国語できる乗務員がいますか。

> **谐音** 斯眯马散嘎　求-告库告呆克医鲁　角-木因　嘎伊马斯卡

> **中文** 请问，有会汉语的乘务员吗？

> **日文** 荷物はここに置いてもいいですか。

> **谐音** 尼毛词瓦考考尼奥伊太冒伊-呆斯卡

> **中文** 行李放在这里行吗？

> **日文** 日本語の（①ニュース、②音楽、③番組）は何チャンネルですか。

> **谐音** 尼号恩告闹　（①牛-斯　②奥恩嘎库　③班古米）　瓦难恰乃鲁呆斯卡

> **中文** 日语的（①新闻、②音乐、③节目）是第几频道？

> **日文** （①牛肉、②鶏肉、③豚肉、④魚、⑤野菜）の料理をください。

> **谐音** （①给由尼库　②桃李尼库　③不他尼库　④萨卡纳　⑤亚萨伊）闹料-理奥库达萨伊

> **中文** 我要（①牛肉、②鸡肉、③猪肉、④鱼、⑤蔬菜）。

日文 （①水、②ジュース、③ビール、④お茶、⑤ワイン、⑥コーラ、⑦コーヒー）ください。

谐音 （①米兹 ②酒-斯 ③必-鲁 ④奥恰 ⑤瓦因 ⑥考-拉 ⑦考-嘿-）库达萨伊

中文 请给我（①水、②果汁、③啤酒、④茶、⑤果酒、⑥可乐、⑦咖啡）。

日文 （①オレンジ、②リンゴ、③葡萄、④マンゴ、⑤イチゴ、⑥スイカ、⑦トマト）のジュースをください。

谐音 （①奥兰吉 ②临高 ③不萄 ④慢高 ⑤伊奇告 ⑥斯伊卡 ⑦涛马涛）闹酒-斯奥库达萨伊

中文 请给我（①橘子、②苹果、③葡萄、④芒果、⑤草莓、⑥西瓜、⑦西红柿）的果汁。

日文 私は先ほど寝ました。（①機内食、②水）を持ってきてくださいませんか。

谐音 瓦塔西瓦 萨克医号到乃马西塔 （①克医拿伊笑库 ②米兹）奥冒×台克医台库达萨伊马散卡

中文 我刚才睡着了,请给我拿（①饭、②水）,好吗?

日文	体の調子が悪いので、機内にお医者さんがいますか。
谐音	卡拉达脑乔西嘎瓦卢伊脑呆 克医拿伊尼奥伊夏桑嘎伊马斯卡
中文	我身体不舒服,飞机上有医生吗?

日文	救命胴衣のつけ方が分からない、教えてください。
谐音	克医欧麦道义闹次开卡塔嘎瓦卡拉那伊 奥西爱台库达萨伊
中文	我不懂救生衣的穿法,请教给我。

日文	アジア航空はどのカウンターですか。
谐音	阿吉阿靠-库-瓦到脑卡文他-带斯卡
中文	亚洲航空在哪一个柜台呢?

日文	どこで荷物を受け取るのですか。
谐音	到靠带尼毛刺奥吴开套路脑袋斯卡
中文	请问要到哪里取行李?

★询问

日文 ちょっと失礼ですが、一階にお手洗いがありますか。
谐音 桥×涛系次来一带四嘎 一卡伊尼奥台阿拉一嘎阿里马斯卡
中文 请问一楼有洗手间吗?

日文 失礼ですが、あなたはどなたですか。
谐音 系次来一带四嘎 阿纳塔瓦到那他带斯卡
中文 请问,您是哪位?

日文 ちょっと失礼ですが、電話を貸してくださいませんか。
谐音 桥×涛西次来一带四嘎 戴恩瓦奥卡西太苦达萨伊马散卡
中文 劳驾,能借个电话吗?

日文 お伺いしますが、こちらは田中さんのお宅ですか。
谐音 凹武卡嘎一喜马斯嘎 靠齐拉瓦塔纳卡萨恩脑奥塔库贷斯卡
中文 请问,这是田中先生的家吗?

> **日文** すみませんが、地下鉄の駅はどう行けば良いのでしょうか。

> **谐音** 斯米马散恩嘎 齐卡台词脑艾克医瓦 刀一开吧要以脑代销-卡

> **中文** 劳驾,地铁车站怎么走?

> **日文** すみませんが、いま何時ですか。

> **谐音** 斯米马散恩嘎 一玛南吉代斯卡

> **中文** 请问,现在几点了?

★致歉

> **日文** すみません。

> **谐音** 斯米马散恩

> **中文** 对不起!

> **日文** 遅れてすみません。

> **谐音** 凹库来台斯米马散恩

> **中文** 对不起,我迟到了。

日文 昨日お電話するのを忘れてすみません。
谐音 克医脑-奥戴恩瓦思路脑奥 洼斯莱台丝密码散恩
中文 对不起,昨天忘记打电话给你了。

日文 長いことお待たせしてすみません。
谐音 哪嘎一靠涛奥马塔塞戏台 丝密码散恩
中文 让你久等了,对不起!

日文 ご迷惑をかけましてすみません。
谐音 高迈挖苦奥卡开马西太 丝密码散恩
中文 给您添麻烦了,很抱歉。

日文 いや、かまいません。
谐音 伊呀 卡马伊马散恩
中文 哎呀,没关系。

日文 どういたしまして。
谐音 到-伊塔西马戏台
中文 哪里,没关系。

日文 いや、いや、どうもご丁寧に。

谐音 咿呀 咿呀 到-毛高台一奈一尼

中文 哎呀，您太客气了。

日文 どうか、お気になさらないで。

谐音 到卡 凹克医尼纳萨拉那一带

中文 请不要放在心上。

日文 どうぞご心配なさらないで。

谐音 倒-造 搞新帕伊纳拉那一带

中文 请别担心。

★邀请

日文 喉が乾いたでしょう、お茶なんかはどう。

谐音 闹倒嘎卡瓦伊塔代销 凹恰那恩卡瓦到-

中文 渴了吧，来杯茶怎么样？

邀请

> 日文　今日仕事が終わったら、一緒にビールを飲みに行かないか。
> 谐音　克医奥细高涛嘎奥瓦×塔拉 一×笑尼笔-录奥闹迷你一卡纳伊卡
> 中文　下班后一起去喝杯啤酒吧。

> 日文　明日は空いてるか、よかったら音楽会に行きましょう。
> 谐音　阿喜他洼阿伊台卢卡 要卡×塔奥恩嘎库卡伊尼以克医马笑
> 中文　明天有空吗，有空的话，一起去听音乐会吧。

> 日文　ご都合がよければ、明日商店へご案内致しましょうか。
> 谐音　高赐稿嘎要开来巴 阿喜他笑泰恩哎高安娜以他喜马晓-卡
> 中文　如果您有时间的话，明天陪您去商店吧。

> 日文　必ず行きます。
> 谐音　卡纳拉兹以克医马斯
> 中文　我一定去。

日文 ぜひ出席させていただきます。

谐音 在黑休×赛克医萨塞台一塔大克医马斯

中文 我一定出席。

日文 喜んで参加させていただきます。

谐音 要牢靠恩代萨恩卡萨塞台一塔大克医马斯

中文 我很高兴能够参加。

日文 ありがとうございます、でもちょっとその日は都合が悪くて…。

谐音 阿里嘎套-高咋一玛斯 戴帽桥×涛嫂脑黑瓦茨高嘎瓦卢苦台

中文 谢谢，可那天不太方便。

日文 行きたいのは山々ですが、あいにく時間が取れなくて。

谐音 一克医他以闹瓦亚马亚马代斯嘎 阿伊尼库季刊嘎逃来纳库台

中文 我很想去，但是没有时间。

> 日文 残念だが、明日はちょっと行くところがあるんだ。

> 谐音 哑恩乃恩达嘎 阿喜他洼桥×涛衣裤套犒劳嘎阿卢恩达

> 中文 真可惜，明天要去别的地方。

★商务

> 日文 みなさまのおいでをお待ちしております。

> 谐音 米纳萨马闹澳一代奥奥马七西台奥里马斯

> 中文 我们正在恭候各位的光临。

> 日文 皆さん、遠路はるばる、ようこそいらっしゃいました。

> 谐音 米纳桑 爱恩劳哈鲁巴鲁 要-靠扫一拉×下一马戏他

> 中文 欢迎各位远道而来。

> 日文 皆様に熱烈な歓迎の意を表したいと存じます。

> 谐音 米纳萨马尼 耐次来此那看改一闹一奥阿拉瓦希他一套遭恩际马斯

> 中文 对各位的来访表示热烈欢迎。

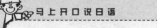

日文 今日はここでお会いすることができて、誠に嬉しく存じます。

谐音 克医奥注考考带澳阿姨思路靠套嘎带克医台 马靠逃尼乌来西裤早恩吉马斯

中文 今天能在这里见面,感到十分高兴。

日文 皆様のご来訪が順調に行われ、円満に成功されますようお祈り申し上げます。

谐音 米纳萨马闹高来一号嘎俊俏你澳靠纳瓦莱 爱恩满尼塞依靠萨莱马斯要-尼奥一闹里毛希阿盖马斯

中文 预祝各位来访顺利,圆满成功。

日文 わざわざお出迎えどうもありがとうございます。

谐音 瓦杂瓦杂奥代木卡埃到毛阿里嘎讨-高砸一马斯

中文 特意来迎接,非常感谢。

日文 お忙しいところをお見送りいただきまして恐れ入ります。

谐音 奥一扫嘎西套考老奥 奥米奥库里一它大克医马西太澳扫来一里马斯

中文 百忙之中来送行,真让我过意不去。

日文 何のおかまいもいたしませんで失礼いたします。
谐音 南脑奥卡玛依毛一沓喜马赛恩代 惜此来一伊它西马斯
中文 招待不周，很抱歉。

日文 きっとまたお会いできるでしょう。
谐音 克医×套马塔澳阿依带克医路代笑
中文 我们一定会再见面的。

日文 社長さんにどうぞよろしくお伝えください。
谐音 侠桥萨恩尼到-早要老西裤澳此他爱哭大萨伊
中文 请向总经理问好。

日文 ご無事をお祈りいたします。
谐音 高布吉奥奥一闹里一它西马斯
中文 祝您一路平安。

日文 設備と技術でとても優れているのです。
谐音 赛刺鼻涛给医就此带淘汰毛四顾来台一路闹呆丝
中文 在设备和技术方面都是很先进的。

日文 品質についてはわたしどもで全責任を持ちます。

諧音 黑恩席次尼茨一台瓦瓦塔希道茂带赛恩塞克医您奥毛奇马斯

中文 关于质量我们负完全责任。

日文 説明書通り使用すれば、問題が起きないと思います。

諧音 赛次买一笑道里西药斯莱巴 毛恩达一嘎奥克医那一套澳毛一马斯

中文 按说明书使用的话，我想不会有问题。

日文 市場は活発になってきたので、注文しようと思います。

諧音 一汽巴瓦卡×趴次尼那×台克医它闹呆 秋毛恩席要套澳毛一马斯

中文 因为市场活跃，想订购一批。

日文 最低価格をお知らせください。

諧音 萨伊台一卡卡库奥希拉塞枯达萨伊

中文 请把最低价格告诉我们。

日文 引合を受けたら、すぐ正式のオッファーができます。

谐音 黑克医阿以奥吴凯塔拉 思古萨伊西克医脑奥×法嘎带克医马斯

中文 接到询价后，我们马上可以正式报价。

日文 価格は買付け数量いかんによりますか。

谐音 卡卡库瓦卡一次开饲料一看你腰里马斯卡

中文 价格跟采购量有关系吗？

日文 ドルのオッファーをお願いします。

谐音 道路脑奥×法奥澳乃嘎一喜马斯

中文 希望用美元报价。

日文 早くていつごろオッファーできますか。

谐音 哈雅库台一次高老凹×法带克医马斯卡

中文 最早什么时候能报价？

日文 サンプルは無償ですね。

谐音 三浦路哇母校-代斯奈

中文 样品是无偿的吧？

日文 オッファーシートができますしたら、すぐお届けします。

谐音 奥×法西-逃嘎带克医马斯西塔拉 思古奥陶到开喜马斯

中文 报价单做好后，马上送给您。

日文 引合いただきありがとうございます。

谐音 黑克医埃一以他打克医阿里嘎讨-高砸一马斯

中文 谢谢你们的询价。

日文 CF価格をオッファーください。

谐音 西爱夫卡卡库奥奥×法-库达萨伊

中文 请给我们报到岸价格。

> 日文　**値引きできるでしょうか。**

> 谐音　奈比克医带克医路代笑卡

> 中文　能不能再降低价格?

> 日文　**値段については、ご安心ください。**

> 谐音　乃但你此一台瓦 搞安心枯达萨伊

> 中文　价格方面可不必担心。

> 日文　**オッファーの有効期間について、五日延長していただけませんか。**

> 谐音　奥×法脑又考克医看你此一台 译此卡安桥-西太一它打开马赛恩卡

> 中文　报价的有效期延长五天好吗?

> 日文　**もし多目に買えば、少し安くできますか。**

> 谐音　毛希奥迈你卡埃巴 思考西雅斯库贷克医马斯卡

> 中文　如果多买的话,能否再便宜点?

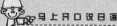

日文 早めに決めるようお願いします。

谐音 哈雅买你克医买路要-澳乃嘎一喜马斯

中文 希望你们早点做出决定。

日文 申し訳ありませんが、この種類の貨物の発注をキャンセルします。

谐音 毛细挖开阿里马赛恩嘎 考闹修路一闹卡布茨脑哈求奥克昂塞卢西马斯

中文 很抱歉，这种商品我们取消订货。

日文 注文書の数量を訂正したいと思います。

谐音 秋毛恩笑脑饲-料奥台一赛一吸他一套澳毛一马斯

中文 我们想修改订单上的数量。

日文 次回は必ずご希望に添えると思います。

谐音 即卡伊瓦卡纳拉兹高克医报你扫爱路涛澳毛一马斯

中文 下次可以满足您的要求。

日文
いつごろ現物ができますか。

谐音
一次高老盖恩布茨嘎带克医马斯卡

中文
什么时候有货？

日文
このタイプのものは近いうちに供給できます。

谐音
考闹他一铺闹毛脑瓦奇卡伊武七你克医奥克医哦代克医马斯

中文
这种型号的，近期可以供应。

日文
今回は多目に注文することを提案します。

谐音
考恩卡伊瓦奥迈你秋毛恩斯鲁考涛奥太一案系马斯

中文
建议这次多订一些。

日文
成約額は変わっていません。

谐音
赛一压库嘎库瓦卡瓦×台一马赛恩

中文
成交额不变。

日文 当方は取決めた数量通り供給できます。

谐音 讨好瓦逃离克医买他饲料道-理克要 克医哦代克医马斯

中文 我方可以按数供应。

日文 コミッションにつきまず知りたいのですが。

谐音 靠米×萧恩尼茨克医麻子洗礼他一脑袋斯嘎

中文 我们想先了解一下佣金问题。

日文 口銭が少ないから、再度考慮してください。

谐音 库奇在你斯库纳伊卡拉 撒一道靠-辽西台枯达萨伊

中文 佣金太少，请再考虑一下。

日文 バーター方式で今度の取り引きを進めてはいかがですか。

谐音 把-它-好戏克医带考恩道脑逃离黑克医奥丝丝埋台瓦伊卡嘎代斯卡

中文 用易货方式进行这次交易怎么样？

> 日文　以前の支払いがまだ未払いです。9月3日までに完済してください。
>
> 谐音　已咱脑西哈拉伊嘎玛达米西哈拉伊代斯　库嘎次米×卡马代堪萨伊西泰枯达萨伊
>
> 中文　前款尚未付清，希望能在9月3日前付清。

> 日文　延べ払い利子はそれぞれ年利4％、5％にしてはどうでしょうか。
>
> 谐音　闹百哈拉伊利靠瓦扫来早来耐恩里要恩怕赛恩涛　搞怕赛恩涛你戏台瓦刀-代笑卡
>
> 中文　每期的延付利息各按年利率4％、5％计算怎么样？

> 日文　これからの取り引きに支障をきたすのではないかと心配しています。
>
> 谐音　靠莱卡拉脑逃离黑克医你细小奥克医塔斯脑袋瓦纳伊卡西新帕伊西太一马斯
>
> 中文　我们很担心这将影响以后的交易。

> 日文　5月までには貨物を船積みしてください。
>
> 谐音　高嘎次马代尼瓦卡毛茨奥夫纳兹米西台苦达萨伊
>
> 中文　请在5月底前将货装上船。

日文 仕向港を大連港に変更する予定です。

谐音 希姆开考-奥大一赖恩靠你还恩靠思路要台医代斯

中文 预定到岸港改为大连。

日文 認可はまだ受けとっていませんので、船積みできません。

谐音 您卡瓦马大午开淘×汰以马赛恩脑袋 弗纳兹米袋克医马赛恩

中文 因为还没有领取许可证，所以不能装船。

日文 お知り合いになれて大変うれしく思います。

谐音 奥西丽阿姨你拿来台他一海恩无赖西裤澳毛以马斯

中文 非常高兴能认识您。

日文 お会いできて大変うれしく存じます。

谐音 奥阿姨带克医台他以海恩无赖西裤早恩吉马斯

中文 非常高兴见到您。（幸会。）

日文 お互いに努力しましょう。

谐音 奥他嘎一你到辽库西马笑

中文 让我们共同努力吧。

日文 御社の友好なご協力を期待しております。

谐音 奥恩下脑又考那高克医奥廖库奥克他一戏台奥里马斯

中文 我们期待着贵公司的友好合作。

日文 お宅はおなじみのお得意先です。

谐音 奥塔库瓦 奥纳吉米脑奥陶哭一萨克医代斯

中文 贵公司是我们的老客户了。

日文 私たちはもう旧知の仲です。

谐音 瓦塔西塔奇瓦 毛克医欧其脑拿卡代斯

中文 我们已经是老朋友了。

日文 会社からの委託で、私が皆様と具体的な商談を進めることになっております。

谐音 卡以下卡拉脑一它裤带 瓦塔西嘎米纳萨马套股他一台克医那笑但奥丝丝买路靠逃匿那×台奥里马斯

中文 受公司委托，由我来和各位洽谈具体的业务。

日文 価格は数量に応じて割り引きます。

谐音 卡卡库瓦斯料你奥吉泰瓦立比克医马斯

中文 根据数量的多少来确定折扣率。

日文 値段については，値引き方をもう一度ご検討いただけませんでしょうか。

谐音 奶蛋你此一台瓦 耐比克医卡塔奥贸易起到高凯恩涛一它打开马赛恩带笑卡

中文 价格方面，贵公司能否再次考虑调整一下折扣的比率呢？

日文 この値段だと、もう商売にはなりません。

谐音 考闹奶蛋大套 毛-啸八一尼瓦纳里马赛恩

中文 如果是这个价格的话，生意就无法做了。

日文 メーカー側へ値引きの交渉をお願いします。

谐音 麦-卡-嘎瓦埃奈比克医脑考笑傲 澳乃嘎一喜马斯

中文 请代为与厂方洽谈降价事宜。

日文 この値段では到底お引き合いかねます。

谐音 考闹奶蛋呆瓦 淘汰一奥黑克医阿姨卡耐马斯

中文 若依此价，实难成交。

日文 この品物の質が少々悪いから、一割引にしてください。

谐音 考闹西那冒闹脑系辞嘎小小瓦鲁伊卡拉 一起挖利比克医你戏台瓦枯达萨伊

中文 这个商品的质量有少许瑕疵，故请打九折。

日文 5000万円までに値を下げてくださいますようにお願い申し上げます。

谐音 高赛恩满爱恩马代尼阿塔伊奥萨该台枯达萨伊马斯要-尼奥乃嘎一毛希阿盖马斯

中文 恩请将价格降到5000万日元。

日文 値段ばかり考えて、品質をおろそかにしてはいけません。

谐音 乃但巴卡里看嘎爱太 黑恩席次奥澳牢扫卡尼戏台瓦伊开马赛恩

中文 不可以只讲价格,而忽略质量(应以质论价)。

日文 品質はこちらが間違いなく保証します。

谐音 黑恩席次瓦靠齐拉嘎玛其嘎一那库好笑喜马斯

中文 质量我们绝对保证。

日文 この価格は決着値ですので、値引きできません。

谐音 考闹卡卡库瓦克医恰苦耐代斯脑袋 耐比克医代克医马赛恩

中文 这个价格是实盘价,不能再低了。

日文 オッファーを出してください。

谐音 奥×法奥大戏台枯达萨伊

中文 请报价。

商务

>日文< 当方としては、商談が円満にまとまることを心から願っております。

>谐音< 讨好淘洗台瓦 笑但恩嘎爱恩满尼马套马路靠涛奥考考老卡拉奈嘎×台奥里马斯

>中文< 我们衷心期待着洽谈圆满成功。

>日文< お聞きとどけいただければ幸いです。

>谐音< 奥克医 克医涛到开一它打开来巴萨伊瓦伊代斯

>中文< 如蒙应允,不胜荣幸。

>日文< 値引きできなければ注文を見合わせます。

>谐音< 奈比克医带克医拿开来巴秋毛恩奥秘阿洼赛马斯

>中文< 如果不能降低价格就暂不订货了。

>日文< 長年のご愛顧を賜わりながら、ご希望にそうことができず誠に申しわけございません。

>谐音< 那嘎耐恩脑高啊依靠澳塔马瓦立那嘎拉 搞克医报你扫靠套嘎带克医自 马靠逃尼毛细挖开高杂役马赛恩

>中文< 承蒙长期惠顾,此次却没能满足贵公司的期望,十分抱歉。

日文 大変お世話になりまして、誠にありがとうございました。

谐音 他一海恩奥塞瓦尼纳里马西台 马靠逃尼阿里嘎讨高砸以马戏他

中文 承蒙惠顾,深表谢意。

日文 今後ともよろしくご愛顧くださいますよう、お願い申し上げます。

谐音 考恩高套毛要老西裤高啊依靠枯达萨伊马斯要 奥乃嘎一毛希阿盖马斯

中文 今后仍望惠顾关照。

日文 カウンター・オファーを出します。

谐音 卡乌恩塔 奥法奥大西马斯

中文 提出还盘。/提出还价。

日文 長期契約を取り結びたいのですが、可能性がありますか。

谐音 乔克医开一压库奥陶利姆斯比他一脑袋斯嘎 卡闹赛一嘎阿里马斯卡

中文 我们希望能签订长期合同,是否有这个可能性呢?

商务

日文 相互信頼を旨として貿易関係を結びたいのですが。

谐音 扫-高新啦一奥木乃淘洗台 胞-爱克医看开一奥姆斯比他一脑袋斯嘎

中文 我们希望本着相互信赖的精神建立贸易关系。

日文 契約書正本に署名を終えました。お返しいたします。

谐音 开一压库小笑-好恩泥小麦一奥澳爱马西他 奥卡哎西伊他西马斯

中文 合同正本已经签好了，交还给贵方。

日文 きっと契約書に基づいて履行いたします。

谐音 克医×涛开一压库小泥毛桃自一台料靠一它西马斯

中文 我方一定信守合同，履行合同。

日文 売行きがよければ、これからもっと多く注文いたします。

谐音 无赖有克医嘎要开来巴 考来卡拉毛×桃奥-库秋毛恩一它西马斯

中文 销路好的话，今后会增加订货。

> **日文** これは私どもの持参したサンプルです。

> **谐音** 靠莱瓦瓦塔西到毛脑际三西他三恩浦路代斯

> **中文** 这是我方带来的样品。

> **日文** これは私どもの注文書です。

> **谐音** 靠莱瓦瓦塔西到毛脑秋乌毛恩笑代斯

> **中文** 这是我方的订货单。

> **日文** 大量注文をいただきまして、誠にありがとうございます。

> **谐音** 塔医疗秋乌毛恩奥一它打克医马西太 马靠逃尼阿里嘎讨-高砸以马斯

> **中文** 承蒙大宗订货,不胜感激。

> **日文** 配船の都合により、船積みが予定の期日より一週間ぐらい延びる見込みです。

> **谐音** 哈伊塞恩脑赐稿你要立 弗纳兹米嘎要太医脑克医几次要里一休看古拉伊闹笔录米靠米代斯

> **中文** 由于船只调配的关系,估计装船时间比原定日期推迟一周左右。

> **日文** 出港手続きが済み次第出帆します。

> **谐音** 修靠台词资克医嘎斯密西达一休×盼细马斯

> **中文** 待出港手续办好后立即起航。

> **日文** 青山丸はすでに3月5日10時に横浜港を出港しました。また、4月2日目的港に到着する予定です。

> **谐音** 赛已在恩马路瓦斯带尼三嘎次以此卡就急尼要靠哈马靠一澳修靠一西马西他　马塔要恩嘎次副词卡毛裤台克医靠你讨恰库思路要太医代斯

> **中文** 青山轮已于3月5日10时从横滨港起航,预计4月2日抵达目的口岸。

> **日文** 保険に加入してください。

> **谐音** 号凯恩泥卡牛戏台枯达萨伊

> **中文** 请加入保险。

> **日文** 荷主側の責任ではありませんから、保険会社交渉願います。

> **谐音** 你努西嘎瓦脑赛您克医ști-呆瓦阿里马赛恩卡拉　号凯恩卡以下考小乃嘎一马斯

> **中文** 作为货主我方没有责任,请向保险公司交涉。

> **日文** 当方注文の品、昨日無事到着しました。

> **谐音** 讨-好-秋-毛恩脑黑恩 克医脑部及讨一恰库西马西他

> **中文** 我方所订货物已于昨日平安运抵。

> **日文** 着荷の上はご一報いただきたくお願いします。

> **谐音** 恰库尼脑乌埃瓦高一×泡一它打克医它枯澳乃嘎一细马斯

> **中文** 货物运抵之时谨请回执为盼。

★职业

> **日文** あなたはどこにお勤めですか。

> **谐音** 阿纳塔瓦 道靠尼 奥此套麦呆斯卡

> **中文** 你在哪儿工作?

> **日文** どんな仕事をしていますか。

> **谐音** 到恩纳 西高套奥 西台伊马斯卡

> **中文** 你是做什么工作的?

> 日文　通勤にどのぐらい（時間が）かかりますか。
> 谐音　此乌 克医恩尼　道闹古拉伊（季刊嘎）　卡卡里马斯卡
> 中文　你上班要多长时间？

> 日文　何時に仕事が終りますか。
> 谐音　南极尼 西高涛嘎 奥瓦里马斯卡
> 中文　你几点下班？

> 日文　仕事は何時から何時までですか。
> 谐音　西高涛瓦 南极卡拉南极马呆 呆斯卡
> 中文　你们工作时间是几点到几点？

> 日文　昼休みはどのくらいありますか。
> 谐音　黑路亚斯米瓦 道闹古拉伊阿里马斯卡
> 中文　中午吃饭时间有多长？

> 日文　私は政府の機関で働いています。
> 谐音　瓦塔西瓦 赛伊夫闹克医看呆 哈塔拉伊太伊马斯
> 中文　我在政府机关工作。

日文 私は外資系の会社に勤務しています。
谐音 瓦塔西瓦 嘎伊西开伊闹卡伊夏尼 克医恩木西台伊马斯
中文 我在一家外资公司工作。

日文 私は(ある)会社の臨時社員です。
谐音 瓦塔西瓦 (阿鲁)卡伊夏闹 林恩吉夏因-呆斯
中文 我在一家公司做临时工。

日文 私は医者です。
谐音 瓦塔西瓦 伊夏呆斯
中文 我是医生。

日文 私はマネジャーです。
谐音 瓦塔西瓦 马奈佳-呆斯
中文 我是经理。

日文 私は普通の労働者です。
谐音 瓦塔西瓦 夫词-脑劳-道-夏呆斯
中文 我是一般的职工(工人)。

★家庭

日文 ご家族は何人ですか。
谐音 高卡造库瓦　南悠-呆斯卡
中文 你们家有几口人?

日文 ご両親はどんな仕事をしていますか。
谐音 高料-新瓦　到恩纳西高涛奥　西台伊马斯卡
中文 你父母亲是做什么工作的?

日文 私の兄は出版社で働いています。
谐音 瓦塔西闹阿尼瓦　修×判-夏呆哈塔拉伊台伊马斯
中文 我哥哥在出版社工作。

日文 私たちの兄弟はすでにみんな結婚しています。
谐音 瓦塔西塔奇闹克医奥大义瓦　斯带尼民那凯×靠恩戏台伊马斯
中文 我们兄弟姐妹都已经成家了。

日文 私は姪一人と甥二人います。

谐音 瓦塔西瓦 麦伊黑陶里涛 奥伊夫他里伊马斯

中文 我有一个侄女和两个侄子。

日文 私は祖父母はまだ健在で、郷里に住んでいます。

谐音 瓦塔西瓦 扫夫包瓦马达开恩 杂伊呆 克医奥里尼斯恩呆伊马斯

中文 我爷爷奶奶都还健在，住在乡下老家。

日文 私の祖母は私たちと一緒に住んでいます。

谐音 瓦塔西闹扫包瓦 瓦塔西塔奇涛伊肖尼 斯恩呆伊马斯

中文 我外婆和我们住在一起。

日文 姉はよく日本に出張します。

谐音 阿乃瓦 要库尼号恩尼 修×乔西马斯

中文 我姐姐经常去日本出差。

> **日文** 私の兄嫁は家庭の主婦です。
>
> **谐音** 瓦塔西闹阿尼要麦瓦 卡太伊闹修复呆斯
>
> **中文** 我嫂子是家庭主妇。

> **日文** 二番目の姉のフィアンセは教師です。
>
> **谐音** 尼班麦闹阿乃闹飞安塞瓦 克医奥西呆斯
>
> **中文** 我二姐的未婚夫是老师。

★学校

> **日文** あなたは学校で何を専攻していますか。
>
> **谐音** 阿纳塔瓦嘎×靠呆 纳尼奥散恩靠西台伊马斯卡
>
> **中文** 你在学校学的是什么专业?

> **日文** あなたはいつ卒業しますか。
>
> **谐音** 阿纳塔瓦 依次扫次给医奥西马斯卡
>
> **中文** 你是什么时候毕业的?

日文 あなたはどこの大学で学んでいますか。

谐音 阿纳塔瓦 道靠闹达伊嘎库呆马纳恩呆伊马斯卡

中文 你在哪里念的大学？

日文 私は０５期生です。

谐音 瓦塔西瓦 再劳告克医赛伊呆斯

中文 我是05届的。

日文 ひとつの学部にいくつ学科がありますか。

谐音 黑涛此闹嘎库部尼 伊库此嘎×卡嘎阿里马斯卡

中文 一个系里有几个专业？

日文 学校のサークル活動には何がありますか。

谐音 嘎×靠闹萨-库鲁卡此道尼瓦 纳尼嘎阿里马斯卡

中文 学校的课余活动都有些什么？

日文 一番得意な学科は歴史です。

谐音 伊奇班涛库伊纳 嘎×卡瓦来克医西呆斯

中文 我最擅长的学科是历史。

日文 私たちはサークル活動のグループをクラブと言います。

谐音 瓦塔西塔奇瓦 萨-库鲁卡此道闹咕噜-普奥 库拉不涛伊伊马斯

中文 我们把课余活动小组叫做俱乐部。

日文 入学試験はいつですか。

谐音 牛-嘎库细看-瓦 依次呆斯卡

中文 入学考试是什么时候?

日文 冬休みはほとんどの学生が帰省します。

谐音 夫邮亚斯米瓦 好涛恩道闹嘎库赛伊嘎 克医赛伊西马斯

中文 放寒假时大部分学生都回老家。

日文 夏休みは学校が数多くの催しを企画します。

谐音 纳次亚斯米瓦 嘎×靠嘎 卡兹奥库闹冒要西奥 克医嘎库西马斯

中文 放暑假时学校组织很多活动。

★交友

日文 私たちは今日始めてお会いしたわけですが、今後はもう親しい友人といえますね。

谐音 瓦塔西塔奇瓦 克医奥哈吉麦太 奥阿伊西塔瓦开呆斯嘎 靠恩高瓦摸-西塔西友-金涛伊艾马斯奈

中文 我们今天是初次见面,以后就是朋友了。

日文 今日は古くからの友人に会いましたし、新しい友人とも知り合いになれて大変嬉しいです。

谐音 克医奥瓦 夫鲁库卡拉闹友-金尼阿伊马西塔西 阿塔拉西友-金-涛毛悉力阿伊尼纳来台 塔伊海恩乌来西呆斯

中文 我今天很高兴,既见到了老朋友,又结识了新朋友。

日文 ご紹介します。こちらが張さんで、私の親しいクラスメートです。

谐音 搞晓-卡伊西马斯 靠齐拉嘎乔-桑呆 瓦塔西闹西塔西库拉斯麦-套呆斯

中文 我来介绍一下,这位是张小姐,我的老同学。

>日文 紹介の必要がありません。私たちは以前お会いしたことがあり、旧知の仲です。

>谐音 效-卡伊闹黑次要嘎阿里马散　瓦塔西塔奇瓦 伊赞奥阿伊西塔考涛嘎阿里 克医欧其脑纳卡呆斯

>中文 不用介绍了，我们已经见过面。是老朋友了。

>日文 私に中国の友だちを紹介してください。

>谐音 瓦塔西尼　求-告库闹淘冒达期奥　效-卡伊西台库达萨伊

>中文 你给我介绍一个中国朋友吧。

★假日

>日文 休暇は何日ありますか。

>谐音 克医欧卡瓦 南恩尼奇阿里马斯卡

>中文 你们假期有几天？

>日文 学校は一年に何回の休みがありますか。

>谐音 嘎×靠瓦伊奇乃恩尼 南卡伊闹亚斯米嘎 阿里马斯卡

>中文 学校一年放几次假？

日文 中国の学校は普通、年に2回しか休暇がありません。

谐音 求-告库闹嘎×靠瓦夫词- 乃恩尼尼卡伊西卡 克医欧卡嘎阿里马散恩

中文 中国的学校一年一般只有两个假期。

日文 中国には春休みがありますか。

谐音 求-告库尼瓦 哈鲁亚斯米嘎阿里马斯卡

中文 中国有没有春假?

日文 中国の冬休みは、日本の春休みに当たります。

谐音 求-告库闹夫邮亚斯米瓦 尼号恩闹哈鲁亚斯米尼 阿塔利马斯

中文 中国的寒假就相当于日本的春假。

日文 春節（旧暦の正月）に私たちは年始回りに行きます。

谐音 休恩塞此尼 瓦塔西塔奇瓦 乃恩西马瓦里尼伊克医马斯

中文 春节我们去拜年。

假日

日文 夏休みに私たちは山に登ります。
谐音 纳词亚斯米尼 瓦塔西塔奇瓦 亚麻尼闹宝里马斯
中文 暑假我们去爬山。

日文 メーデーに私たちは地方へ旅行に行きます。
谐音 麦-迪-尼 瓦塔西塔奇瓦 奇号-艾料靠-尼伊克医马斯
中文 五一节我们去外地旅游。

日文 元旦に私たちは氷祭りを見に行きます。
谐音 感叹尼 瓦塔西塔奇瓦 靠奥里马词里奥 米尼伊克医马斯
中文 元旦我们去看冰灯。

日文 毎年春節になると、私たちは春節親睦会を催します。
谐音 马伊涛西休恩塞此尼纳鲁涛 瓦塔西塔奇瓦休恩塞此信宝库卡伊奥 冒要奥西马斯
中文 每逢春节,我们举行春节联欢会。

★运动

日文 今はみんなサッカー観戦が好きです。
谐音 伊马瓦 民那萨×卡-刊散嘎斯克医呆斯
中文 现在大家喜欢看足球比赛。

日文 サッカーをする子どもはますます多くなっています。
谐音 萨×卡-奥斯鲁靠道毛瓦　马斯马斯奥-库那×台伊马斯
中文 踢足球的小孩越来越多了。

日文 テニスをするのは女性が多いです。
谐音 台尼斯奥斯鲁闹瓦　角赛伊嘎奥-伊呆斯
中文 打网球的女性很多。

日文 卓球をする人は少なくなりました。
谐音 他×克医欧奥斯鲁黑陶瓦　斯库纳库那里马西塔
中文 打乒乓球的人不多了。

> **日文** 彼は家に帰るなり、すぐにファミコンで遊びます。

> **谐音** 卡莱瓦伊艾尼卡艾路那里　斯古尼法米靠恩呆　阿扫比马斯

> **中文** 他一回家就玩电子游戏。

> **日文** 彼ら２人は、いつも一緒に将棋をさしています。

> **谐音** 卡来拉夫他里瓦　依次毛伊×肖尼　肖-克医奥萨西台伊马斯

> **中文** 他们俩经常在一起下棋。

> **日文** 私が最も得意なのは水泳です。

> **谐音** 瓦塔西嘎　冒×涛冒涛库伊纳闹瓦　斯伊艾伊呆斯

> **中文** 我最擅长的是游泳。

> **日文** 北京の人は冬にアイススケートをします。

> **谐音** 拍克医恩闹黑陶瓦　夫邮尼阿伊斯斯凯-涛奥　西马斯

> **中文** 北京人冬天经常去溜冰。

> **日文** 南方の人にはスキーの経験者がとても少ないです。

> **谐音** 南恩跑闹黑陶尼瓦 斯克医-闹凯伊看夏嘎 淘台冒斯库拿伊呆斯

> **中文** 南方很少有人滑过雪。

> **日文** ワールドカップテニスでは熱戦が繰り広げられます。

> **谐音** 瓦-卢到卡×普台尼斯呆瓦 乃×散嘎库里黑劳盖拉来马斯

> **中文** 世界杯网球赛打得很激烈。

> **日文** 全国高校野球リーグ戦はまもなく始まります。

> **谐音** 赞靠库靠-靠-亚×克医欧林-古散瓦 马毛那库哈吉马里马斯

> **中文** 全国高中棒球联赛快要开始了。

> **日文** 今年優勝したのはブラジルチームです。

> **谐音** 考涛西邮-肖-西塔闹瓦 布拉吉路气-木呆斯

> **中文** 今年的冠军是巴西队。

> 日文　ダブルスの試合で準優勝しました。
> 谐音　达不鲁斯脑希阿伊呆　军邮-肖-西马西塔
> 中文　双打比赛得了个亚军。

> 日文　AチームはBチームに負けました。
> 谐音　A气-木瓦B气-木尼　马凯马西塔
> 中文　A队输给了B队。

> 日文　BチームはCチームを打ち破りました。
> 谐音　B气-木瓦C气-木尼奥武气亚布里马西塔
> 中文　B队打败了C队。

> 日文　ボウリング場はどこですか。
> 谐音　宝-林古交-瓦道靠呆斯卡
> 中文　哪儿有保龄球场?

> 日文　一緒にボウリングをしに行くのはどうですか。
> 谐音　伊×肖尼宝-林古奥西尼伊库闹瓦道-呆斯卡
> 中文　我们一起去打保龄球怎么样?

日文
中田さんはよくボウリングをしますか。

谐音
那卡塔桑瓦 要库宝-林古奥西马斯卡

中文
中田经常打保龄球吗？

日文
私はボールを転がすだけで、スコアがつけられないのです。

谐音
瓦塔西瓦暴-路奥考老嘎斯达开呆　斯考阿嘎此凯拉来纳伊脑呆斯

中文
我只会扔球，不会计分。

日文
彼は本当にすごい、ターキーだよ。

谐音
卡莱瓦号恩涛-尼斯高伊 塔-克医-达要

中文
他真厉害，一连打了3个全中。

日文
まずここに、自分の名前をインプットしてください。

谐音
马兹考考尼 基不恩闹那马艾奥因普×涛戏台库达萨伊

中文
你先在这里输入自己的名字。

> 日文 ボールがレーンに引っかかっているので、早く従業員を呼んで来てください。

> 谐音 暴-路嘎来-恩尼黑×卡卡×太伊鲁脑呆 哈亚库久-各异奥因奥要恩呆克医台库达萨伊

> 中文 球滚到球道里了，你快去叫服务员来。

> 日文 彼はボウリング好きで、マイボールまで持っています。

> 谐音 卡莱瓦宝-林古斯克医呆 马伊暴-路马呆毛×太伊马斯

> 中文 他是个保龄球迷，还有自己专用的球呢。

★ 影音娱乐

> 日文 家でいつも軽音楽を聞いています。

> 谐音 伊艾呆依次毛 凯伊奥恩嘎库奥 克医台伊马斯

> 中文 我在家经常听轻音乐。

> 日文 ロックのコンサートに行きました。

> 谐音 劳×库闹考恩萨-涛尼 伊克医马西塔

> 中文 我去了摇滚乐演唱会。

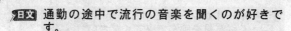

日文 通勤の途中で流行の音楽を聞くのが好きです。

谐音 此-克医恩闹涛求-呆闹 奥恩嘎库奥克医库闹噶 斯克医呆斯

中文 我喜欢在上下班的路上听流行音乐。

日文 あのクラシック音楽を流すバーは、とても静かで落ち着いています。

谐音 阿闹库拉西×库奥恩嘎库奥 纳嘎斯巴-瓦 淘台冒西兹卡呆奥其此伊太伊马斯

中文 那家放古典音乐的酒吧很安静。

日文 あのジャズバンドが入っているバーは、ひどくやかましいです。

谐音 阿闹加兹办恩到嘎 哈伊×太伊鲁巴-瓦 黑道库亚卡马西呆斯

中文 那家有爵士乐队的酒吧很吵。

日文 カラオケは中国でも大変流行しています。

谐音 卡拉奥凯瓦 求-高库呆冒 塔伊海恩 留靠-西台伊马斯

中文 卡拉OK在中国也很流行。

影音娱乐

日文 たくさんの人が日本の女優酒井法子を知っています。

谐音 塔库桑闹黑涛嘎 尼号恩闹角优- 萨卡伊闹里靠 奥西×台伊马斯

中文 有很多人知道日本的女演员酒井法子。

日文 スター歌手の山口百恵は中国では知名度がとても高いです。

谐音 斯塔-卡修闹 亚麻固气毛毛艾瓦 求-告库呆瓦西麦伊到嘎 淘台冒塔卡伊呆斯

中文 歌星山口百惠在中国知名度很高。

日文 中国ではいつも日本の連続テレビドラマを放送しています。

谐音 求-告库呆瓦 依次毛尼号恩闹 来恩早库台来比到拉马奥 号-扫-西台伊马斯

中文 中国经常播放日本的电视连续剧。

日文 日本のアニメーションは中国でとても高い評価を受けています。

谐音 尼号恩闹阿你麦-肖恩瓦 求-高库呆涛太毛塔卡伊黑奥卡奥 武开台伊马斯

中文 日本的动画片在中国评价很高。

日文 現在一番流行している歌は何ですか。

谐音 改恩杂伊伊奇班 留-靠-西台伊鲁武他瓦难呆斯卡

中文 现在最流行的歌是什么？

★印象

日文 中国各地の風俗習慣はそれぞれ大きく異なっています。

谐音 求-告库卡库奇闹 夫-造库休-刊瓦 扫来早来奥-克医库 考涛纳×台伊马斯

中文 中国各地的风俗习惯很不一样。

日文 春節の間、お互いに年始回りをします。

谐音 休恩塞此闹阿伊达 奥塔嘎伊尼乃恩西马瓦里奥西马斯

中文 春节期间大家都互相拜年。

日文 普通は一家で団らんを楽しみます。

谐音 夫词-瓦 伊×卡呆单兰奥塔闹西米马斯

中文 一般都是全家团聚的。

印象

> 日文　学校では普通、春の遠足を企画します。

> 谐音　嘎×靠呆瓦夫词- 哈鲁闹爱恩扫库奥 克医卡库西马斯

> 中文　学校一般组织学生去春游。

> 日文　国慶節には花火を上げます。

> 谐音　考×开伊塞词尼瓦　哈纳比奥阿盖马斯

> 中文　国庆节放烟火。

> 日文　大晦日の晩には各家々が爆竹を鳴らします。

> 谐音　奥-米扫卡闹班尼瓦　卡库伊艾伊艾嘎巴库气库奥纳拉西马斯

> 中文　大年三十晚上家家都放鞭炮。

> 日文　日本の大晦日に行なわれる紅白歌合戦はとても有名です。

> 谐音　尼号恩闹奥-米扫卡尼　奥靠纳瓦来路考-哈库武他高-赛恩瓦　涛太毛邮-麦伊呆斯

> 中文　日本的除夕红白对歌比赛很有名。

日文 私はここ数年の変化は非常に大きいと思います。

谐音 瓦塔西瓦靠靠 斯-乃恩闹海恩卡瓦 黑教-尼奥-克医涛奥毛伊马斯

中文 我觉得这几年变化很大。

日文 街では自転車が非常に多いです。

谐音 马气呆瓦几弹夏嘎 黑教尼奥-伊呆斯

中文 街上自行车很多。

日文 物は非常に安いです。

谐音 冒闹瓦黑教尼亚斯伊呆斯

中文 东西很便宜。

日文 人柄がとても素朴です。

谐音 黑涛嘎拉嘎 淘台冒扫宝库呆斯

中文 人很淳朴。

日文 悠久の歴史を持っています。

谐音 邮-克医欧闹来克医西奥毛×太伊马斯

中文 历史悠久。

印象

日文 あそこの風景は大変すばらしいです。
谐音 阿扫考脑夫-开伊瓦 塔伊海恩斯巴拉西-呆斯
中文 那儿的风景很美。

日文 高速道路はとても多いです。
谐音 考-扫苦道-劳瓦 淘台冒奥-伊呆斯
中文 高速公路很多。

日文 住宅条件が改善されました。
谐音 旧-塔库校-看嘎 卡伊赞洒来马西塔
中文 住房条件改善了。

日文 多くの人がマイカーを持っています。
谐音 奥-库闹黑涛嘎 马伊卡-奥冒×台伊马斯
中文 不少人有私家车。

日文 中国人は特別親切です。
谐音 求-告库金瓦 涛库百次信恩塞词呆斯
中文 中国人特别热情。

马上开口说日语

> **日文** 余暇の過ごし方が豊かになりました。
>
> **谐音** 要卡闹斯高西卡塔嘎 邮塔卡尼纳里马西塔
>
> **中文** 业余生活丰富了。

> **日文** 中国国内の旅行客がとても多いです。
>
> **谐音** 求-告库靠库纳伊闹 料靠-克亚库嘎 淘台冒奥-伊呆斯
>
> **中文** 中国国内的游客很多。

> **日文** 大都市にはほとんどマクドナルドがあります。
>
> **谐音** 大意涛西尼瓦 好涛恩道马库到那路道嘎 阿里马斯
>
> **中文** 大城市几乎都有麦当劳。

> **日文** 海鮮料理のレストランが多いのに気がつきました。
>
> **谐音** 卡伊散料-理闹来斯套兰嘎 奥伊闹尼 克医嘎此克医马西塔
>
> **中文** 我发现海鲜餐厅很多。

> 日文　携帯電話を使う人は本当に少なくありません。

> 谐音　开伊塔伊戴恩瓦奥此卡武黑涛瓦　号恩涛尼斯库纳库阿里马散

> 中文　用手机的人真不少。

> 日文　個人経営のレストランは接客態度がいいです。

> 谐音　靠近开伊艾伊闹　来斯涛兰瓦　赛×克压库塔伊道嘎伊伊呆斯

> 中文　个体经营的餐厅服务态度不错。

> 日文　ブティックはあちこちにあります。

> 谐音　布题×库瓦　阿齐考气尼　阿里马斯

> 中文　时装店到处都是。

> 日文　都市部の空気はあまりよくないです。

> 谐音　涛西部闹库-克医瓦　阿马里要库拿伊呆斯

> 中文　城市地区的空气不太好。

日文 都市と農村とは、まるで別世界です。

谐音 涛西涛闹-扫恩涛瓦 马路呆拜词赛卡伊呆斯

中文 城市同农村简直是两个世界。

★欢迎会

日文 皆さんに紹介します。新しく来た王さんです。

谐音 米纳桑尼效-卡伊西马斯　阿塔拉西库克医塔奥桑呆斯

中文 我给大家介绍一下,他是新来的小王。

日文 私は李明と申します。

谐音 瓦塔西瓦 李麦伊 涛毛-西马斯

中文 我叫李明。

日文 ちょっと自己紹介します。

谐音 桥×涛季考效-卡伊西马斯

中文 我来做一下自我介绍。

欢迎会

日文 私は九州生まれの東京育ちです。

谐音 瓦塔西瓦 克医欧休-武马来闹 陶-克医奥-扫达气呆斯

中文 我出生在九州，长在东京。

日文 私の趣味は切手コレクションと旅行です。

谐音 瓦塔西闹休米瓦 克医×台考来库笑恩涛 料靠-呆斯

中文 我的爱好是集邮和旅行。

日文 私がこちらに来て、もう2週間になりました。

谐音 瓦塔西嘎 考其拉尼克医台 毛-尼休-刊尼纳里马西塔

中文 我来到这里已经有两周了。

日文 私はこちらの様子がよくわからないので、皆さんよろしくお願い致します。

谐音 瓦塔西瓦考其拉闹要-斯嘎 要库瓦卡拉那伊脑呆 米纳桑尼要劳西库奥乃嘎伊伊塔西马斯

中文 我对这里的情况不熟，希望大家多多关照。

- **日文** 大変お待たせしまして、すみません。
- **谐音** 塔伊海恩奥马塔塞希马西台　斯米马散
- **中文** 让你们久等了，真对不起。

- **日文** 駆けつけ3杯といきましょう。
- **谐音** 卡开此凯三恩帕伊涛　伊克医马笑-
- **中文** 迟到者罚酒3杯。

- **日文** 私はお酒は飲めませんが、それでは一口だけ。
- **谐音** 瓦塔西瓦奥萨开瓦闹麦马散嘎 扫来呆瓦黑陶库奇达开
- **中文** 我不会喝酒，那我就喝一小口吧。

- **日文** 私はあまりお酒が飲めないので、マイペースでいいですか。
- **谐音** 瓦塔西瓦阿马里奥萨开嘎　闹麦纳伊脑呆　马伊派斯呆伊伊呆斯卡
- **中文** 我不会喝酒，随意好吗？

> 日文 今回私が日本に来た主な目的は勉強です。

> 谐音 靠恩卡伊瓦塔西嘎 尼号恩尼克医塔奥毛纳毛库台克医瓦 班克医奥呆斯

> 中文 我这次到日本来的目的主要是学习。

★送行

> 日文 お見送りいただきありがとうございます。

> 谐音 奥米奥库里 衣搭答克衣 阿里嘎掏—高杂衣马斯。

> 中文 谢谢您特地来送我。

> 日文 いろいろとお世話になりました。

> 谐音 衣劳衣劳掏 奥 赛瓦尼那里马西塔。

> 中文 给你添了不少麻烦。

> 日文 おかげさまで、楽しい旅行ができました。

> 谐音 奥卡该撒马呆 塔脑细-聊考嘎 呆克衣马西塔。

> 中文 多亏了你们,我们的旅行才这么愉快。

日文 ぜひ、中国にもいらしてください。

谐音 在呵衣　秋-告库尼冒　衣拉西台　库答撒衣。

中文 希望你能来中国。

日文 林さんによろしくお伝えください。

谐音 林桑尼　要劳西库　奥词他挨库答撒衣。

中文 代我向林先生问好。

日文 どうぞお元気で。

谐音 道造　奥干克衣　呆。

中文 多保重！

日文 さようなら。

谐音 撒要那拉。

中文 再见！

日文 道中ご無事で。

谐音 道秋　高布记呆。

中文 一路平安！

★应急表达

>日文 助けてください！
>谐音 塔斯开台 库答撒衣。
>中文 救命啊！

>日文 誰か来てください！
>谐音 答来卡 克衣 台库答撒衣。
>中文 来人啊！

>日文 危ない！
>谐音 阿布那衣。
>中文 危险！

>日文 けがをしました。
>谐音 开嘎奥 西马西塔。
>中文 受伤了。

日文 泥棒だ。

谐音 道劳包答。

中文 抓小偷!

日文 警察を呼んでください。

谐音 开依撒词 奥 要恩呆 库答撒衣。

中文 快叫警察来!

日文 ここに電話してください。

谐音 考考尼 单恩哇西台库答撒衣。

中文 请往这儿打个电话。

日文 パスポートをなくしました。

谐音 趴斯泡—掏奥 那库西马西塔。

中文 把护照丢了。

日文 電話はどこですか。

谐音 单恩哇 瓦 道考呆斯卡。

中文 电话在哪儿?

日文 トイレはどこですか。

谐音 掏衣来 瓦 道考呆斯卡。

中文 厕所在哪儿?

日文 中国大使館に連絡ください。

谐音 秋-告库答衣西看 尼 兰恩拉库 库答撒衣。

中文 请跟中国大使馆联系。

日文 中国語[英語]の分かる人はいますか。

谐音 秋-告库高（挨-高）脑 哇卡路呵衣掏 瓦 衣马斯卡。

中文 有没有懂汉语（英语）的人?

日文 （メモ帳を出して）ここに書いてください。

谐音 （买冒悄 奥 答西台）考考尼 卡衣台库答撒衣。

中文 请在这儿写一下。

日文 もう一度言ってください。

谐音 冒一衣七道 衣×台库答撒衣。

中文 请再说一遍。

> **日文** 注文した料理[酒]が来ません。

> **谐音** 秋-冒恩西塔聊-里(撒开)嘎 克衣 马散。

> **中文** 我点的菜(酒)还没来。

> **日文** お釣りが少ない。

> **谐音** 奥词里嘎斯库那衣。

> **中文** 找的钱不够。

单词篇
数字

日文 いち
谐音 伊奇
中文 1

日文 に
谐音 尼
中文 2

日文 さん
谐音 桑
中文 3

日文 よん
谐音 要恩
中文 4

日文 ご
谐音 高
中文 5

日文 ろく
谐音 劳苦
中文 6

日文 しち・なな
谐音 希奇/娜娜
中文 7

日文 はち
谐音 哈气
中文 8

日文 きゅう
谐音 克医又
中文 9

日文 じゅう	日文 じゅうご
谐音 旧-	谐音 旧-高
中文 10	中文 15

日文 じゅういち	日文 じゅうろく
谐音 旧-伊奇	谐音 旧-劳苦
中文 11	中文 16

日文 じゅうに	日文 じゅうなな
谐音 旧-尼	谐音 旧-娜娜
中文 12	中文 17

日文 じゅうさん	日文 じゅうはち
谐音 旧-桑	谐音 旧-哈奇
中文 13	中文 18

日文 じゅうよん	日文 じゅうきゅう
谐音 旧-要恩	谐音 旧-克医又
中文 14	中文 19

数字

日文 にじゅう
諧音 尼旧-
中文 20

日文 さんじゅう
諧音 桑旧-
中文 30

日文 よんじゅう
諧音 要恩旧-
中文 40

日文 ごじゅう
諧音 高旧-
中文 50

日文 ろくじゅう
諧音 劳苦旧-
中文 60

日文 ななじゅう
諧音 娜娜旧-
中文 70

日文 はちじゅう
諧音 哈奇旧-
中文 80

日文 きゅうじゅう
諧音 克医又旧-
中文 90

日文 ひゃく
諧音 黑压库
中文 100

日文 せん
諧音 散
中文 1000

>日文 まん
>谐音 慢
>中文 10000

>日文 じゅうまん
>谐音 旧-慢
>中文 100000

>日文 ひゃくまん
>谐音 黑压库塴
>中文 1000000

>日文 せんまん
>谐音 散慢
>中文 10000000

>日文 いちおく
>谐音 伊奇奥库
>中文 100000000

日期

>日文 月曜日
>谐音 盖次要-比
>中文 星期一

>日文 火曜日
>谐音 卡要-比
>中文 星期二

>日文 水曜日
>谐音 斯伊要-比
>中文 星期三

>日文 木曜日
>谐音 毛裤要-比
>中文 星期四

- **日文** 金曜日
- **谐音** 克医恩要-比
- **中文** 星期五

- **日文** 土曜日
- **谐音** 到要-比
- **中文** 星期六

- **日文** 日曜日
- **谐音** 尼奇要-比
- **中文** 星期日

- **日文** ついたち
- **谐音** 此伊塔气
- **中文** 1号

- **日文** ふつか
- **谐音** 夫词卡
- **中文** 2号

- **日文** みっか
- **谐音** 米×卡
- **中文** 3号

- **日文** よっか
- **谐音** 咬×卡
- **中文** 4号

- **日文** いつか
- **谐音** 伊次卡
- **中文** 5号

- **日文** むいか
- **谐音** 亩伊卡
- **中文** 6号

- **日文** なのか
- **谐音** 哪闹卡
- **中文** 7号

日文 ようか **谐音** 要-卡 **中文** 8号	**日文** じゅうさんにち **谐音** 旧-桑尼奇 **中文** 13号
日文 ここのか **谐音** 靠靠闹卡 **中文** 9号	**日文** じゅうよっか **谐音** 旧-咬×卡 **中文** 14号
日文 とおか **谐音** 涛奥卡 **中文** 10号	**日文** じゅうごにち **谐音** 旧-高尼奇 **中文** 15号
日文 じゅういちにち **谐音** 旧-伊奇尼奇 **中文** 11号	**日文** じゅうろくにち **谐音** 旧-劳苦尼奇 **中文** 16号
日文 じゅうににち **谐音** 旧-尼尼奇 **中文** 12号	**日文** じゅうしちにち **谐音** 旧-希奇尼奇 **中文** 17号

日文	じゅうはちにち	日文	にじゅうさんにち
谐音	旧-哈奇尼奇	谐音	尼旧-桑尼奇
中文	18号	中文	23号

日文	じゅうくにち	日文	にじゅうよっか
谐音	旧-库尼奇	谐音	尼旧-咬×卡
中文	19号	中文	24号

日文	はつか	日文	にじゅうごにち
谐音	哈磁卡	谐音	尼旧-高尼奇
中文	20号	中文	25号

日文	にじゅういちにち	日文	にじゅうろくにち
谐音	尼旧-伊奇尼奇	谐音	尼旧-劳苦尼奇
中文	21号	中文	26号

日文	にじゅうににち	日文	にじゅうしちにち
谐音	尼旧-尼尼奇	谐音	尼旧-希奇尼奇
中文	22号	中文	27号

日文 にじゅうはちにち
谐音 尼旧-哈奇尼奇
中文 28号

日文 にじゅうくにち
谐音 尼旧-库尼奇
中文 29号

日文 さんじゅうにち
谐音 桑旧-尼奇
中文 30号

日文 さんじゅういちにち
谐音 桑旧-伊奇尼奇
中文 31号

日文 いちがつ
谐音 伊奇嘎次
中文 1月

日文 にがつ
谐音 尼嘎次
中文 2月

日文 さんがつ
谐音 桑嘎次
中文 3月

日文 しがつ
谐音 西嘎次
中文 4月

日文 ごがつ
谐音 高嘎次
中文 5月

日文 ろくがつ
谐音 劳苦嘎次
中文 6月

日文 しちがつ
谐音 希奇嘎次
中文 7月

日文 はちがつ
谐音 哈奇嘎次
中文 8月

日文 くがつ
谐音 库嘎次
中文 9月

日文 じゅうがつ
谐音 旧-嘎次
中文 10月

日文 じゅういちがつ
谐音 旧-伊奇嘎次
中文 11月

日文 じゅうにがつ
谐音 旧-尼嘎次
中文 12月

交通

日文 運転免許証
谐音 乌恩坦面克医奥笑-
中文 驾照

日文 エアコン付きバス
谐音 唉阿靠恩此克医巴斯
中文 空调车

日文 高架道路
谐音 考-卡道-劳
中文 高架路

日文 自動切符販売機	**日文** 直通特別快速
谐音 吉道-克医×普汉恩巴伊克医	**谐音** 乔库此-涛库百次卡伊扫库
中文 自动售票机	**中文** 直达特快

日文 自動改札機	**日文** 2階建てバス
谐音 吉道-卡伊萨次克医	**谐音** 尼卡伊达太巴斯
中文 自动检票机	**中文** 双层巴士

日文 シャトルバス	**日文** 路線バス
谐音 夏涛路巴斯	**谐音** 劳散斯
中文 穿梭巴士	**中文** 公共汽车

日文 タクシー	**日文** 歩行者天国
谐音 塔库西-	**谐音** 好靠夏台恩高库
中文 出租车	**中文** 步行街

日文 地下鉄

谐音 奇卡太此

中文 地铁

交通

日文 步道橋；横断步道橋
谐音 好到-克医奥-；奥-单好到克医奥
中文 人行天桥

日文 マイレージ・カード
谐音 马伊来-吉 卡-道
中文 里程

日文 メーター
谐音 麦-他-
中文 计程表

日文 立体交差
谐音 里×塔伊靠-萨
中文 立交桥

日文 リニアモーターカー
谐音 里尼阿冒-他-卡-
中文 磁悬浮列车

日文 リムジンバス
谐音 里木金巴斯
中文 机场班车

日文 レンタカー
谐音 来恩塔卡-
中文 租车

日文 ワンマンバス
谐音 完满巴斯
中文 无人售票车

体育运动

日文 夏季オリンピック
谐音 卡克医奥林匹×库
中文 夏季奥林匹克运动会

日文 陸上競技
谐音 里库交-克医奥 给医
中文 田径

日文 フィールド競技
谐音 飞-路道克医奥 给医
中文 田赛

日文 走り高跳び
谐音 哈西立塔卡逃避
中文 跳高

日文 走り幅跳び
谐音 哈西立哈巴逃避
中文 跳远

日文 棒高跳び
谐音 包-塔卡逃避
中文 撑竿跳

日文 三段跳び
谐音 三恩单逃避
中文 三级跳

日文 砲丸投げ
谐音 好-感那该
中文 铅球

日文 円盤投げ
谐音 爱恩班那该
中文 铁饼

体育运动

日文 ハンマー投げ
谐音 韩马-那该
中文 链球

日文 やり投げ
谐音 压力那该
中文 标枪

日文 （男子）十種競技
谐音 （单恩西）机修克医奥给医
中文 （男子）十项全能

日文 （女子）七種競技
谐音 （交西）娜娜修克医奥给医
中文 （女子）七项全能

日文 トラック競技
谐音 涛拉×库克医奥 给医
中文 竞赛

日文 １１０ｍハードル
谐音 黑压库旧-麦-涛路哈-道录
中文 110米栏

日文 ３０００ｍ障害
谐音 三赞麦涛路 效-嘎伊
中文 3000米障碍

日文 ４００ｍリレー
谐音 要恩 黑压库麦涛路 历来-
中文 400米接力

日文 競歩	**日文** 平泳ぎ
谐音 克医奥号-	**谐音** 黑拉奥要给医
中文 竞走	**中文** 蛙泳
日文 マラソン	**日文** バタフライ
谐音 马拉扫恩	**谐音** 巴塔夫拉伊
中文 马拉松	**中文** 蝶泳
日文 水泳	**日文** 個人メドレー
谐音 斯伊艾伊	**谐音** 靠近麦道来-
中文 游泳	**中文** 个人混合泳
日文 自由形	**日文** リレー
谐音 集邮-嘎塔	**谐音** 历来-
中文 自由泳	**中文** 接力
日文 背泳ぎ	**日文** 飛び込み
谐音 塞奥要给医	**谐音** 逃避靠米
中文 仰泳	**中文** 跳水

体育运动

日文 板飛び込み
谐音 伊塔逃避靠米
中文 跳板

日文 高飛び込み
谐音 塔卡逃避靠米
中文 跳台

日文 シンクロナイズド・スイミング
谐音 辛苦劳那伊资道 斯伊民古
中文 花样游泳

日文 水球
谐音 斯伊科由
中文 水球

日文 体操
谐音 塔伊扫-
中文 体操

日文 個人総合
谐音 靠近扫-告-
中文 个人全能

日文 床運動
谐音 由卡乌恩道-
中文 自由体操

日文 鉄棒
谐音 台词报-
中文 单杠

日文 平行棒
谐音 海依靠-报-
中文 双杠

日文 吊り輪
谐音 磁力瓦
中文 吊环

日文 新体操
谐音 新塔伊扫-
中文 艺术体操

日文 鞍馬
谐音 鞍巴
中文 鞍马

日文 ロープ
谐音 劳-铺
中文 绳索

日文 跳馬
谐音 桥-巴
中文 跳马

日文 ボール
谐音 暴-路
中文 球

日文 平均台
谐音 海-克医恩达伊
中文 平衡木

日文 フープ
谐音 腹-辅
中文 圈操

日文 段違い平行棒
谐音 单恩奇嘎伊海依靠-报-
中文 高低杠

日文 クラブ
谐音 库拉不
中文 球棒

日文	トランポリン
谐音	涛兰报林
中文	蹦床

日文	卓球
谐音	塔×克医欧
中文	乒乓球

日文	バドミントン
谐音	霸道民涛恩
中文	羽毛球

日文	ウェイトリフティング
谐音	外伊涛里夫听谷
中文	举重

日文	射撃
谐音	夏该克医
中文	射击

日文	フェンシング
谐音	抚爱信谷
中文	击剑

日文	アーチェリー
谐音	阿-切里-
中文	射箭

日文	カヌー
谐音	卡努-
中文	皮划艇

日文	柔道
谐音	就-道-
中文	柔道

日文	サッカー
谐音	萨×卡-
中文	足球

日文 バスケットボール	**日文** ヨット
谐音 巴斯开×涛暴-路	**谐音** 要×涛
中文 篮球	**中文** 帆船
日文 バレーボール	**日文** ボクシング
谐音 巴来-暴-路-	**谐音** 暴库新古
中文 排球	**中文** 拳击
日文 ビーチバレー	**日文** ボート
谐音 闭-气巴来-	**谐音** 报×涛
中文 沙滩排球	**中文** 赛艇
日文 自転車	**日文** レスリング
谐音 吉坦夏	**谐音** 来斯林古
中文 自行车	**中文** 摔跤
日文 ホッケー	**日文** 野球
谐音 号×开-	**谐音** 亚克医欧
中文 曲棍球	**中文** 棒球

体育运动

日文 ソフトボール
谐音 扫夫涛暴-路
中文 垒球

日文 馬術
谐音 巴就此
中文 马术

日文 テニス
谐音 台尼斯
中文 网球

日文 ハンドボール
谐音 早道暴-路
中文 手球

日文 テコンドー
谐音 太靠恩道-
中文 跆拳道

日文 近代五種
谐音 克医恩达意高秀-
中文 现代五项

日文 トライアスロン
谐音 涛拉伊阿斯劳恩
中文 铁人三项

日文 冬季オリンピック
谐音 涛-克医奥林匹×库
中文 冬季奥运会

日文 アルペンスキー
谐音 阿鲁白恩斯克医-
中文 高山滑雪

日文 クロスカントリースキー	**日文** モーグル
谐音 苦劳斯看逃离-斯克医-	**谐音** 毛-咕噜
中文 越野滑雪	**中文** 雪上技巧

日文 ジャンプ	**日文** エアリアル
谐音 江普	**谐音** 艾阿里阿鲁
中文 高台跳雪	**中文** 空中技巧

日文 ノルディック複合	**日文** スノーボード
谐音 闹路地×库府库高	**谐音** 斯闹-报-道
中文 北欧两项	**中文** 滑板滑雪

日文 スキーフリースタイル	**日文** スピードスケート
谐音 斯克医-福利-司塔伊路	**谐音** 斯皮-到斯开-涛
中文 自由滑雪	**中文** 速度滑冰

	日文 フィギュアスケート
	谐音 非给医欧阿斯开-涛
	中文 花样滑冰

电器

日文 アイスホッケー
谐音 阿伊斯号×开-
中文 冰球

日文 ボブスレー
谐音 抱不思来-
中文 有舵雪橇

日文 リュージュ
谐音 留-旧
中文 无舵雪橇

日文 バイアスロン
谐音 巴伊阿斯劳恩
中文 冬季两项

日文 カーリング
谐音 卡-林古
中文 冰壶

日文 ラジオ
谐音 拉季奥
中文 收音机

日文 デジカメ
谐音 待机卡迈
中文 数码相机

日文 携帯電話
谐音 开-它以戴恩瓦
中文 手机

日文 ステレオ
谐音 斯泰来澳
中文 立体声音响

日文	ビデオカメラ
谐音	鼻代奥卡迈拉
中文	摄像机

日文	使い捨てカメラ
谐音	此卡伊斯台卡迈拉
中文	一次性照相机

日文	カメラ
谐音	卡迈拉
中文	照相机

日文	ポラロイドカメラ
谐音	跑啦老-道卡迈拉
中文	宝丽来照相机

日文	CDプレーヤー
谐音	西地扑来-牙-
中文	CD随身听

日文	ビデオデッキ
谐音	鼻代奥戴×克医
中文	录像机

日文	MDプレーヤー
谐音	爱目的扑来-牙-
中文	MD随身听

日文	テープレコーダー
谐音	泰-普莱靠-大-
中文	录音机

日文	ノートブック
谐音	闹-逃不×哭
中文	笔记本电脑

日文	パソコン
谐音	帕扫考恩
中文	个人电脑

日文 エアコン	**日文** 扇風機
谐音 埃阿考恩	**谐音** 三普-克医
中文 空调	**中文** 电风扇
日文 コーヒーメーカー	**日文** スチームアイロン
谐音 考-黑-麦-卡-	**谐音** 四七亩阿以劳恩
中文 咖啡机	**中文** 蒸汽熨斗
日文 トースター	**日文** デスクランプ
谐音 逃-斯塔-	**谐音** 代斯库兰普
中文 烤面包机	**中文** 台灯
日文 ミキサ	**日文** 壁かけ時計
谐音 米克医萨	**谐音** 卡白卡开陶开-
中文 果汁机	**中文** 挂钟
日文 ミシン	**日文** 体重計
谐音 眯新-	**谐音** 塔伊就-开-
中文 缝纫机	**中文** 人体秤

颜色

日文 オフホワイト
谐音 凹服好哇-套
中文 灰白色

日文 グレー
谐音 古来-
中文 灰色

日文 チャコールグレー
谐音 恰考-卢古来-
中文 炭灰色

日文 イエロー
谐音 译爱老-
中文 黄色

日文 マスタードイエロー
谐音 马斯塔-岛易爱老-
中文 芥末黄

日文 シトリンイエロー
谐音 希陶林以哀牢-
中文 柠檬黄

日文 オレンジ
谐音 奥兰恩吉
中文 橘色

日文 ゴールドオレンジ
谐音 高-炉到奥兰吉
中文 金橘色

日文 琥珀オレンジ
谐音 库哈库奥兰吉
中文 琥珀橘

颜色

日文	レッド
谐音	来×到
中文	红色

日文	真っ赤
谐音	马×卡
中文	大红

日文	ルビーレッド
谐音	卢比-来×到
中文	宝石红

日文	シュガーピンク
谐音	修嘎-贫-苦
中文	糖果粉红

日文	ローズクォーツピンク
谐音	老-子扩-次贫-苦
中文	红水晶粉红

日文	ラズベリーピンク
谐音	辣子百里-贫苦
中文	木莓粉红

日文	ライトグリーン
谐音	辣-套古林-
中文	淡绿色

日文	アイスグリーン
谐音	玛依斯古林-
中文	冰绿色

日文	カレッジグリーン
谐音	卡莱×基古林-
中文	学院绿

日文	メロン色
谐音	卖劳恩-老
中文	哈密瓜色

日文	ミント色
谐音	民逃依老
中文	薄荷色

日文	ペリドットグリーン
谐音	牌离岛×涛古林-
中文	橄榄绿

日文	エメラルドグリーン
谐音	艾买拉鲁道古林-
中文	翠绿

日文	ターコイズグリーン
谐音	塔-靠以兹古林-
中文	青绿色

日文	モスグリーン
谐音	毛斯古林-
中文	苔绿色

日文	ブルー
谐音	布鲁-
中文	蓝色

日文	紺
谐音	考恩
中文	深蓝色

日文	ネイビー
谐音	耐-笔-
中文	海军蓝

日文	ライトブルー
谐音	辣-套布鲁-
中文	淡蓝色

日文 サファイア色	**日文** こげ茶色
谐音 萨法伊阿依老	**谐音** 靠该恰依老
中文 宝蓝色	**中文** 深棕色

日文 グレープ色	**日文** ブラウン
谐音 古莱-普依老	**谐音** 布拉乌恩
中文 葡萄紫	**中文** 咖啡色

日文 パープル	**日文** ダークブラウン
谐音 帕-普鲁	**谐音** 大-哭不拉乌恩
中文 紫色	**中文** 深咖啡色

日文 チェリーパープル
谐音 切里-帕-普鲁
中文 樱桃紫

称谓

日文 ベージュ
谐音 白-酒
中文 浅褐色

日文 わたし
谐音 瓦大西
中文 我

日文	あなた	日文	かのじょ
谐音	阿纳大	谐音	卡闹交
中文	你	中文	她

日文	彼	日文	彼女たち
谐音	卡列	谐音	卡闹交他七
中文	他	中文	她们

日文	わたしたち	日文	せんせい
谐音	瓦大西他七	谐音	散恩 赛一
中文	我们	中文	老师

日文	あなたたち	日文	クラスメート
谐音	阿纳大他七	谐音	库拉斯梅-头
中文	你们	中文	同学

日文	彼たち	日文	ルーム メート
谐音	卡列他七	谐音	炉-母每-头
中文	他们	中文	室友

称谓

日文 おじいさん(そふ)
谐音 奥急伊桑(艘夫)
中文 爷爷(外祖父)

日文 おばあさん(そぼ)
谐音 奥拔-桑(艘博)
中文 奶奶(外祖母)

日文 ちち(おとうさん)
谐音 七七(奥头-桑)
中文 父亲

日文 はは(おかあさん)
谐音 哈哈(奥卡-桑)
中文 母亲

日文 おじさん(おじ)
谐音 奥急桑(奥急)
中文 叔叔(伯伯、舅舅)

日文 おばさん(おば)
谐音 奥拔桑(奥拔)
中文 婶婶(姑姑、姨妈)

日文 おにいさん(あに)
谐音 奥尼-桑(阿尼)
中文 哥哥

日文 おねえさん(あね)
谐音 奥聂-桑(阿聂)
中文 姐姐

日文 おじょうさん(むすめ)
谐音 奥交-桑(姆斯梅)
中文 女儿

日文 おとうとさん（おとうと）
谐音 奥头-头桑（奥头-头）
中文 弟弟

日文 いもうとさん（いもうと）
谐音 伊毛-头桑（伊毛-头）
中文 妹妹

日文 おまごさん（まご）
谐音 奥妈高桑（妈高）
中文 孙子（外孙）

日文 いとこさん（いとこ）
谐音 伊刀靠桑（伊刀靠）
中文 堂兄（堂妹）

日文 めい
谐音 梅-
中文 侄女（外甥女）

日文 おいごさん（おい）
谐音 奥-高桑（奥-）
中文 侄子（外甥）

日文 およめさん（およめ）
谐音 奥摇美桑（奥摇美）
中文 媳妇

日文 むこ
谐音 姆靠
中文 女婿

日文 ご主人（おとうさん）
谐音 高修津（奥头-桑）
中文 丈夫

日文	奥さん（家内/おかあさん）
谐音	奥哭桑（卡那伊/奥卡-桑）
中文	妻子

日文	むすこさん（むすこ）
谐音	密斯靠桑（密斯靠）
中文	儿子

日文	むすこさん
谐音	姆斯考萨恩
中文	令郎

日文	おじょうさん
谐音	奥交-萨恩
中文	令媛

日文	おにいさん
谐音	奥尼-萨恩
中文	令兄

日文	どれ
谐音	道来
中文	哪个

日文	お医者さん
谐音	奥-下桑
中文	医生

日文	ガイドさん
谐音	嘎-刀桑
中文	导游

日文	うんてんしゅさん
谐音	吴恩 天恩修桑
中文	驾驶员

日文	恋人
谐音	口译鼻掏
中文	情人

日文	おまわりさん
谐音	奥马瓦利桑
中文	警察

日文	あいて
谐音	阿姨忒
中文	对象

日文	いいなずけ
谐音	依依那字克挨
中文	未婚夫（未婚妻）

日文	皆さん
谐音	米纳萨桑
中文	大家

日文	店員さん
谐音	天恩印恩桑
中文	商店服务员

日文	せんせい
谐音	赛恩赛衣
中文	先生

日文	ボス
谐音	波斯
中文	老板

日文	いかが
谐音	-卡嘎
中文	怎么样

日文	客様
谐音	克雅库萨马
中文	客人

- 日文: 親戚
- 谐音: 新恩赛克医
- 中文: 亲戚

- 日文: ご家族は何人ですか。
- 谐音: 购卡藻库瓦南你恩代斯卡
- 中文: 你家有几口人？

- 日文: 五です。父、母、二つの妹と私です。
- 谐音: 购代斯。七七、哈哈、扶他刺闹-毛乌掏掏瓦塔希代斯。
- 中文: 五口人，我父母、两个妹妹和我。

- 日文: こちらは父、母です。
- 谐音: 靠齐拉瓦七七，哈哈代斯。
- 中文: 这是我父亲，这是我母亲。

季节

- 日文: はる
- 谐音: 哈炉
- 中文: 春

- 日文: なつ
- 谐音: 那次
- 中文: 夏

- 日文: あき
- 谐音: 阿克衣
- 中文: 秋

> 日文 ふゆ
> 谐音 夫由
> 中文 冬

> 日文 しょしゅん
> 谐音 消寻恩
> 中文 早春

> 日文 しょか
> 谐音 消卡
> 中文 初夏

> 日文 ちゅうしゅう
> 谐音 秋-修-
> 中文 仲秋

> 日文 とうじ
> 谐音 涛-急
> 中文 冬至

食品

> 日文 ご飯
> 谐音 高汉恩
> 中文 米饭

> 日文 マントー
> 谐音 蛮头-
> 中文 馒头

> 日文 うどん
> 谐音 乌东
> 中文 面条

> 日文 ギョーザ
> 谐音 戈腰-杂
> 中文 饺子

食品

日文 お粥
谐音 奥卡由
中文 粥

日文 スープ
谐音 丝-扑
中文 汤

日文 にく
谐音 尼哭
中文 肉

日文 ひつじ肉
谐音 黑呲级尼哭
中文 羊肉

日文 とりにく
谐音 掏利尼哭
中文 鸡肉

日文 ぶたにく
谐音 布大尼哭
中文 猪肉

日文 ぎゅうにく
谐音 各有-尼哭
中文 牛肉

日文 北京ダック
谐音 北克因达×哭
中文 烤鸭

日文 さかな
谐音 萨喀纳
中文 鱼

日文 スモーク
谐音 丝毛-哭
中文 熏鱼

日文 刺身	**日文** 卵とトマトの炒めもの
谐音 萨希米	**谐音** 他妈高掏掏妈掏脑以他没毛闹
中文 生鱼片	**中文** 西红柿炒鸡蛋

日文 くらげ	**日文** パン
谐音 哭拉该	**谐音** 判
中文 蜇皮	**中文** 面包

日文 かに	**日文** トースト
谐音 卡尼	**谐音** 涛-丝头
中文 蟹	**中文** 土司

日文 えび	**日文** ハンバーグ
谐音 艾比	**谐音** 旱拔-古
中文 虾	**中文** 汉堡

日文 スパイス
谐音 斯帕伊斯
中文 调味品

食品

日文 ホットドッグ	**日文** お寿司
谐音 蒿×掏道×古	**谐音** 奥斯希
中文 热狗	**中文** 寿司

日文 クリームケーキ	**日文** エッグロール
谐音 枯立-姆可埃-克衣	**谐音** 唉×古漏-炉
中文 奶油蛋糕	**中文** 蛋卷

日文 サンドイッチ	**日文** ハム
谐音 桑岛伊×七	**谐音** 哈姆
中文 三明治	**中文** 火腿

日文 げっぺい	**日文** ソーセージ
谐音 革爱×北	**谐音** 艘-丝爱-急
中文 月饼	**中文** 香肠

日文 アップルパイ	**日文** 目玉焼
谐音 阿×扑炉帕伊	**谐音** 梅达妈牙克衣
中文 苹果馅饼	**中文** 煎鸡蛋

日文	ヨーグルト
谐音	摇-古路掏
中文	酸牛奶

日文	サラダ
谐音	萨拉达
中文	沙拉

日文	コーヒー
谐音	考-黑-
中文	咖啡

日文	チョコレート
谐音	桥口列-掏
中文	巧克力

日文	アイスクリーム
谐音	阿伊斯哭里-姆
中文	冰淇淋

餐饮

日文	中華料理
谐音	秋-卡料-理
中文	中餐

日文	西洋料理
谐音	思爱-摇-料-理
中文	西餐

日文	日本料理
谐音	尼哄料-理
中文	日本菜

日文	朝食
谐音	敲-消枯
中文	早餐

日文 昼食	**日文** 前菜
谐音 秋-消枯	**谐音** 资唉恩萨伊
中文 午餐	**中文** 冷盘，拼盘

日文 夕食	**日文** デザート
谐音 由-消枯	**谐音** 呆砸-掏
中文 晚餐	**中文** 甜食

日文 宴会	**日文** 食器
谐音 爱恩开伊	**谐音** 消×克衣
中文 宴会	**中文** 餐具

日文 バイキング	**日文** ナイフ
谐音 八-可因故	**谐音** 那衣夫
中文 自助餐	**中文** 刀

日文 定食	**日文** フォーク
谐音 贴-消枯	**谐音** 夫奥-哭
中文 套餐	**中文** 叉子

日文 スプーン	**日文** コップ
谐音 斯瀑-恩	**谐音** 考×扑
中文 勺子	**中文** 玻璃杯
日文 箸	**日文** おぼん
谐音 哈西	**谐音** 奥伯恩
中文 筷子	**中文** 托盘
日文 お碗	**日文** 楊枝
谐音 奥王恩	**谐音** 摇-急
中文 碗	**中文** 牙签
日文 湯のみ	**日文** 飲み物
谐音 由脑米	**谐音** 闹米毛脑
中文 茶杯	**中文** 饮料
日文 お皿	**日文** お茶
谐音 奥萨拉	**谐音** 奥恰
中文 盘子	**中文** 茶

日文 ミルク	**日文** サイダー
谐音 米卢库	**谐音** 萨伊达-
中文 牛奶	**中文** 汽水
日文 ジュース	**日文** ミネラルウォーター
谐音 就-丝	**谐音** 米涅拉鲁乌欧-塔-
中文 果汁	**中文** 矿泉水
日文 ビール	**日文** コーラ
谐音 鼻-炉	**谐音** 考-拉
中文 啤酒	**中文** 可乐
日文 ブランデー	**日文** 紅茶
谐音 布兰呆-	**谐音** 靠-恰
中文 白兰地	**中文** 红茶
日文 ウィスキー	**日文** ウーロン茶
谐音 韦斯克衣	**谐音** 乌-龙恰
中文 威士忌	**中文** 乌龙茶

日文	ワイン
谐音	瓦因
中文	葡萄酒

日文	お酒
谐音	奥萨克艾
中文	酒

水果

日文	果物
谐音	苦大毛脑
中文	水果

日文	りんご
谐音	临高
中文	苹果

日文	なし
谐音	拿西
中文	梨

日文	もも
谐音	毛毛
中文	桃

日文	パイナップル
谐音	帕伊拿×扑炉
中文	菠萝

日文	バナナ
谐音	八那那
中文	香蕉

日文	いちご
谐音	-七高
中文	草莓

日文 サクランボ	**日文** マンゴー
谐音 萨库兰恩包	**谐音** 蛮高-
中文 樱桃	**中文** 芒果
日文 あんず	**日文** はみうり
谐音 岸-自	**谐音** 哈密乌利
中文 杏	**中文** 哈密瓜
日文 すいか	**日文** やし
谐音 丝衣卡	**谐音** 压西
中文 西瓜	**中文** 椰子
日文 みかん	**日文** さんざし
谐音 蜜卡恩	**谐音** 三扎西
中文 橘子	**中文** 山楂
日文 ぶどう	**日文** れいし
谐音 补到-	**谐音** 列伊西
中文 葡萄	**中文** 荔枝

日文	オリーブ
谐音	奥里-不
中文	橄榄

日文	レモン
谐音	列毛恩
中文	柠檬

日文	くるみ
谐音	枯炉米
中文	核桃

日文	かき
谐音	卡克衣
中文	柿子

日文	ざくろ
谐音	杂哭捞
中文	石榴

日文	くり
谐音	哭里
中文	栗子

日文	なつめ
谐音	那刺梅
中文	枣

自然景观

日文	太陽
谐音	塔衣优
中文	太阳

日文	星
谐音	侯西
中文	星星

自然景观

日文 月
谐音 此克衣
中文 月亮

日文 朝日
谐音 阿萨黑衣
中文 朝阳

日文 夕日
谐音 有-黑衣
中文 夕阳

日文 風
谐音 卡兹诶
中文 风

日文 三日月
谐音 米卡兹克衣
中文 月牙

日文 満月
谐音 马恩格诶呲
中文 满月

日文 日食
谐音 尼×消库
中文 日食

日文 月食
谐音 各诶×消库
中文 月食

日文 流れ星
谐音 那嘎列包西
中文 流星

日文 青空
谐音 阿欧邹拉
中文 蓝天

日文 にわか雨	**日文** 稲光
谐音 尼瓦卡阿妹	**谐音** 伊纳比卡里
中文 暴雨	**中文** 闪电
日文 嵐	**日文** 氷
谐音 阿拉西	**谐音** 口奥利
中文 暴风雨	**中文** 冰
日文 雲	**日文** 雷
谐音 库毛	**谐音** 卡米那利
中文 云	**中文** 雷
日文 霧	**日文** 川
谐音 克衣里	**谐音** 卡哇
中文 雾	**中文** 河
日文 霜	**日文** 湖
谐音 西谋	**谐音** 米兹乌咪
中文 霜	**中文** 湖

意见

日文 賛成する
谐音 桑恩赛斯路
中文 赞成

日文 反対する
谐音 含恩塔衣斯路
中文 反对

日文 同意する
谐音 道一衣斯路
中文 同意

日文 納得する
谐音 那×掏库斯路
中文 同意

日文 オッケー
谐音 奥×开
中文 OK

日文 大丈夫
谐音 答衣教―布
中文 没问题

日文 意見
谐音 衣看
中文 意见

日文 異議
谐音 衣哥衣
中文 异议

日文 正しい
谐音 塔答细―
中文 正确的

> 日文 断る
> 谐音 考掏哇路
> 中文 拒绝

> 日文 拒絶する
> 谐音 克要一在词斯路
> 中文 拒绝

> 日文 いやだ
> 谐音 衣雅答
> 中文 不要

> 日文 無理
> 谐音 木里
> 中文 办不到

> 日文 できるだけ
> 谐音 呆克衣路答开
> 中文 尽量

> 日文 ちょっと
> 谐音 悄×掏
> 中文 不太行

> 日文 尽くす
> 谐音 词库斯
> 中文 尽力

> 日文 やる
> 谐音 雅路
> 中文 做

心情

> 日文 楽しい
> 谐音 他脑细一
> 中文 快乐的

心情

日文 嬉しい
谐音 屋来细一
中文 快乐的

日文 愉快な
谐音 邮卡衣那
中文 愉快的

日文 ドキドキする
谐音 刀克衣刀克衣斯路
中文 心扑通扑通地跳

日文 超ハッピー
谐音 悄哈×皮一
中文 超快乐

日文 楽しみ
谐音 他脑细米
中文 期待

日文 ほっとする
谐音 好×掏斯路
中文 松一口气

日文 安心する
谐音 安新斯路
中文 安心

日文 驚く
谐音 奥刀劳库
中文 吃惊，吓到

日文 すっきり
谐音 斯×克衣立
中文 舒畅，爽快

日文 怒る
谐音 奥靠路
中文 生气

日文	腹が立つ
谐音	哈拉嘎他词
中文	生气

日文	得意
谐音	掏库衣
中文	得意,美

日文	幸せ
谐音	西阿哇赛
中文	幸福

日文	気分
谐音	克衣布恩
中文	心情,气氛

日文	万歳
谐音	班恩杂衣
中文	万岁

日文	疲れる
谐音	词卡来路
中文	疲劳

日文	運
谐音	屋恩
中文	运气

日文	退屈
谐音	他衣库词
中文	无聊,发闷

日文	喜ぶ
谐音	要劳靠布
中文	高兴

日文	大変
谐音	他衣汗
中文	糟糕,严重